PEIXE!

PARA A VIDA INTEIRA

PEIXE!
PARA A VIDA INTEIRA

Stephen C. Lundin, Ph.D.,
John Christensen e Harry Paul

Tradução
Kvieta de Morais

BestSeller

CIP-BRASIL. CATALOGAÇÃO-NA-FONTE
SINDICATO NACIONAL DOS EDITORES DE LIVROS, RJ.

L983p Lundin, Stephen C., 1941-
Peixe! para a vida inteira / Stephen C. Lundin, John Christensen e Harry Paul; tradução Kvieta de Morais. – Rio de Janeiro: Best*Seller*, 2007.

Tradução de: Fish! for life
ISBN 978-85-7684-083-1

1. Conduta. I. Christensen, John, 1959-. II. Paul, Harry, 1950-. III. Título.

07-0075 CDD: 158.1
CDU: 159.947

Título original norte-americano
FISH! FOR LIFE

Adaptação de capa: Mello & Mayer
Editoração eletrônica: Abreu's System

Impresso no Brasil

ISBN 978-85-7684-083-1

INTRODUÇÃO

Quando fiz 17 anos começou o período que hoje chamo de "os seis verões que moldaram minha vida". Durante seis verões seguidos passei 14 semanas trabalhando na colônia de férias Camp Courage.

O Camp Courage, ou Acampamento Coragem, uma colônia de férias para crianças com deficiências graves como paralisia cerebral e distrofia muscular, era um lugar realmente mágico. As crianças tinham chance de participar de atividades típicas de colônias de férias, como nadar, praticar canoagem, passar a noite e cozinhar na floresta, só que com a ajuda constante de algumas dezenas de monitores adolescentes. Os pais tinham um pequeno descanso da tarefa de tomar conta das crianças e os monitores recebiam valiosas lições de vida — lições que, às vezes, só eram percebidas muitos anos mais tarde. Eu fui um dos que receberam muitas dessas lições.

Os ensinamentos adquiridos no Camp Courage tiveram um impacto duradouro no modo como vejo o mundo. Aquele foi o lugar mais prazeroso, alegre, animado e otimista em que já trabalhei. Tinha também um elemento de autenticidade e honestidade radical capaz de desmascarar tudo o que não era real. O ambiente solidário e intenso não deixava espaço para preguiça ou fingimento. Naquela época, eu não tinha noção de como é difícil encontrar um local de trabalho com essas características.

Nos divertimos muito no Camp Courage e as crianças eram extraordinárias. Lembro-me de vê-las enfrentando suas limitações físicas com atitudes que ganharam para sempre meu respeito. Um exemplo de manifestação da liberdade apesar das limitações. Embora limitadas fisicamente, as crianças compensavam isso demonstrando a liberdade de experimentar quase tudo. E nos revelaram o melhor de nós. Queríamos fazer com que o verão delas fosse especial e sabíamos que nem todos os participantes estariam vivos para voltar no ano seguinte.

Quarenta anos se passaram até que eu desse o nome de “Filosofia PEIXE!” ao jeito Camp Courage de nos fazermos presentes no mundo. Um episódio casual em Seattle foi o responsável. Um colega cineasta, John Christensen, precisava pernoitar certo sábado na cidade depois de termos passado a semana filmando o poeta David Whyte, que é famoso por levar sua poesia às empresas. John foi fazer compras e acabou num mercado de peixe tão carregado de energia positiva que o documentarista não pôde resistir e acabou levando aquilo para a tela. Ele produziu um filme sobre o mercado e nós o chamamos de *Peixe!* Enquanto o filme estava sendo montado, escrevi um livro que recebeu o mesmo título: *Peixe!* A "Filosofia Peixe!" tinha deixado o aquário.

Onde quer que você encontre a Filosofia Peixe!, vai perceber os seguintes ingredientes (embora as proporções possam variar):

Brinque (com alegria e despreocupação),
Alegre o dia deles (lide com os outros de forma a levantar seu astral),
Faça-se presente (vivendo o agora e dando aos outros sua total atenção) e
Escolha sua atitude (consciente de que qualquer que seja a atitude que tenha no momento, trata-se de uma escolha sua).

Ao livro *Peixe!* seguiram-se as histórias reais de empresas descritas em *Mais peixe!* (Campus, 2002). Tratamos das questões sobre como manter viva a "Filosofia Peixe!" a longo prazo em *Peixe vivo* (Campus, 2003). E este livro, *Peixe! Para a vida inteira*, é o resultado de algo maravilhoso que aconteceu comigo enquanto viajava pelo mundo com palestras sobre *Peixe!* Aqueles que conheci quase sempre compartilhavam as experiências Peixe! vividas no trabalho, e então acrescentavam: "Sabe, isso de Peixe! funciona em casa também!" E com só um pouquinho de estímulo, acabavam contando suas experiências Peixe! *pessoais*.

Ficou claro que, no fim de um dia no escritório, marmitas e pastas costumavam carregar algo diferente para casa. Oculta entre documentos, garrafas térmicas e sobras estava a Filosofia Peixe! *Peixe! Para a vida inteira* é uma história do que pode acontecer quando Peixe! é levado para casa.

Stephen C. Lundin

Mary Jane e Lonnie

Passaram-se quatro anos desde que Lonnie pediu Mary Jane em casamento. Eles estavam sentados no seu café preferido, envolvidos na conversa típica de quem acordou um dia e descobriu que uma grande amizade tinha sido acrescida de um toque romântico. Mary havia pedido alguns biscoitinhos que eles sempre compartilhavam 80% para um e 20% para outro, e quando olhou para o que puseram na mesa, viu que não era um biscoito, mas uma cabeça gigante de peixe-sapo com a boca bem aberta. E dentro daquela boca gigantesca havia um anel de compromisso que, passado o choque, ela aceitou com alegria e deixou que Lonnie pusesse em seu dedo.

Lonnie pôde escoher bem aquela cabeça de peixe, pois era um peixeiro famoso no mercado de Seattle. O Pike Place Fish não era um simples mercado de peixes, mas também uma atração turística onde todos os dias multidões se reuniam para assistir a movimentação e partiam com sorrisos e histórias, bem como com peixes. De fato, foi no mercado que Lonnie e Mary se conheceram, cinco anos antes, quando ela estava fazendo hora por ali durante o intervalo do almoço, atraída pela energia do local; carregando consigo uma quentinha e um grande problema. Lonnie, percebendo a tensão no rosto de Mary, fez o que sabe bem. Envolveu-a numa conversa espirituosa até que as rugas de tensão tivessem sido apagadas por um sorriso. Ele colocou um brilho no rosto dela, que escutava sua história.

Na época, Lonnie não tinha idéia de todo o estresse que Mary Jane sentia. Ele só estava sendo atencioso com outro ser humano, que parecia estar precisando de apoio. Mary Jane tinha perdido o marido e, mãe de dois filhos, precisava dos benefícios financeiros de uma promoção que lhe tinham oferecido. Embora tivesse consciência da péssima fama do grupo que ia gerenciar, havia aceitado o cargo. Esperava que as pessoas tivessem exagerado quanto aos problemas de seu novo departamento, mas logo percebeu que tudo era, na verdade, bem pior do que podia imaginar. Teve dificuldades com sua equipe logo nos primeiros momentos, um grupo cínico, relutante, e que se achava o máximo. No dia que entrou no mercado de peixes, ela não tinha idéia de como começar a mudar a situação e estava muito preocupada e assustada.

Quando Mary Jane e Lonnie conversaram, ela contou sobre a promoção na instituição financeira First Guarantee Financial e sobre a equipe desagradável e sarcástica que tinha herdado. Lonnie caiu na gargalhada quando ela lhe contou que os gerentes da First Guarantee se referiam a sua equipe como "o depósito de lixo tóxico". Lonnie ficou impressionado com a determinação de Mary e curioso sobre a vida nos grandes prédios de escritórios que circundavam o mercado.

Mary Jane queria saber mais sobre o motivo de o mercado ser tão cheio de energia e se havia algo para se aprender ali que pudesse ajudar sua equipe. Lonnie não estava encantado de poder ajudar simplesmente porque era essa a sua natureza, mas porque queria passar mais tempo com ela, por quem teve atração à primeira vista. E, assim, Lonnie concordou em explicar mais detalhadamente o funcionamento do mercado num outro dia.

Mary Jane foi uma boa aluna e começou a crescer como líder. Logo conseguiu que seus funcionários fossem ao mercado com o objetivo de levar um pouco daquela energia ao terceiro andar da First Guarantee, onde suas impressionantes conquistas acabaram tornando-se lendárias.

Mary Jane e sua equipe descobriram por si mesmos a velha sabedoria que estava viva no mercado de peixes, e criaram no terceiro andar um ambiente de trabalho tão sedutor que o departamento começou a atrair candidatos de outras partes da empresa. O trabalho não tinha mudado, mas a forma que eles escolhiam para desempenhá-lo, sim. Enquanto evoluíam como equipe, criaram um espaço atraente onde os clientes internos e externos eram atendidos como nunca tinham sido.

Mas tudo isso foi há anos. Desde então, Mary Jane casou-se com Lonnie, foi novamente promovida e, mais uma vez, arrastada pelo peso e pela agitação da vida diária e do trabalho.

O que aconteceu com minha vida?

Enquanto Mary Jane Ramirez limpava a casa, espanou a poeira de um pequeno porta-retratos com fotos de seu casamento, que ficava sobre a lareira do andar de baixo. Ela examinou as fotos. A mistura de peixeiros e funcionários da First Guarantee na porta da igreja sempre a fazia sorrir. Olhou pela janela, viu o lindo dia lá fora e pensou: *Este é o típico dia sobre o qual não comentamos com pessoas que não moram aqui. Se soubessem que temos dias assim, elas poderiam querer se mudar para cá e engarrafariam ainda mais a via expressa.*

Continuando a faxina em direção ao escritório no sótão, ela viu os arranha-céus do centro da cidade, os prédios da área residencial e a beleza reluzente da baía. Cada janela daquele cômodo revelava uma vista espetacular, e as paredes estavam cobertas com fotografias recentes da família. Este sempre foi seu cômodo preferido: o conteúdo refletia sua nova vida com Lonnie. Mas, naquela manhã, ela notou algo — todos os retratos eram dos dois primeiros anos de casamento. Onde foram parar os últimos dois anos?

Havia uma escrivaninha diante de cada uma das quatro janelas vitorianas. Mary se lembrou de que nos primeiros anos não era raro ver todas as quatro ocupadas de noite. Cena típica: seus filhos, Brad e Sarah, e Lonnie estudando ou lendo, e Mary Jane ocupada com o trabalho que levara para casa. Naqueles primeiros anos ela lutou para preservar seu tempo com a família; e estava envergonhada e grata ao mesmo tempo por aquelas noites quando conseguia conciliar trabalho e vida familiar, terminando tarefas da First Guarantee com os dois filhos do primeiro casamento e seu novo marido ocupados a seu redor.

De repente, sentido-se ansiosa e um pouco tonta, Mary Jane sentou-se à sua escrivaninha. O cômodo e todas as fotografias lhe trouxeram à mente algo não resolvido. *O que aconteceu com aquele sonho sobre minha nova vida? Sinto como se estivesse presa num rio veloz sobre o qual tenho pouco controle. O que aconteceu com os momentos silenciosos e íntimos que Lonnie e eu curtíamos quando estávamos namorando ou quando éramos recém-casados?*

Mary Jane olhou a escrivaninha. Bem à vista, embaixo do calendário, estava a ponta de uma folha de papel que ela reconheceu imediatamente da mesma forma que reconhecemos um velho amigo. As palavras impressas naquele pedaço de papel e nos outros embaixo tinham sido um lembrete constante na época mais difícil no trabalho.

Ela olhou o papel amassado e manchado de café. As palavras tinham começado como anotações de suas visitas ao mercado de peixes e transformaram-se, depois de reescritas várias vezes, num valioso guia para seu trabalho na First Guarantee. *Tanta coisa já aconteceu desde o dia em que entrei no mercado de peixes com um grande problema e sem solução.*

Ela retirou os pedaços de papel maltratados de baixo do calendário e examinou-os atentamente. *Já é hora de passar a limpo estas anotações, só que desta vez vou escrevê-las no meu diário. Acho que tenho uma certa atração por papel e caneta,* admitiu para si mesma enquanto examinava o conteúdo cuidadosamente organizado da última gaveta. Embaixo das canetas coloridas havia uma caixa com seu papel "especial" para diário, onde ela reparou uma meia dúzia de folhas para fichário da melhor qualidade. *Um compositor, provavelmente, usaria pergaminho,* pensou. *Já está na hora de tratar estas anotações à altura de sua importância.*

Então, como já fizera uma vezes antes, começou a copiar o que era conhecido como a "Filosofia Peixe!", revisando e aprimorando o texto como sempre fizera, baseada em sua experiência de vida desde a última vez que copiara aquilo. As palavras "energia natural" estavam anotadas num post-it e coladas na versão antiga da "Filosofia Peixe!". *Por que colei isto aí?* Ela colocou o lembrete de lado por um momento.

A Filosofia Peixe!

A Filosofia Peixe! é um estilo de vida — baseado na sabedoria antiga — que podemos observar facilmente no Mercado de Peixes Pike Place, pois lá está presente o dia inteiro, todos os dias. Os 12 peixeiros que trabalham naqueles 400 metros quadrados cheios de energia encarnam a Filosofia Peixe! Lá, a sabedoria é como um afloramento de rochas que permite uma visão da estrutura escondida sob a terra.

A velha sabedoria não foi *criada* pelo mercado; está por aí quase desde que o homem ergueu-se e começou a andar e a se comunicar. Na verdade, a Filosofia Peixe! foi *descoberta* por esse pequeno grupo de peixeiros quando decidiram se empenhar num processo de aprimoramento de sua vida no trabalho. Perceberam que, brincando e se divertindo, alegrando o dia dos outros, fazendo-se presentes e escolhendo sua atitude conscientemente, contribuíam para um ambiente de trabalho fantástico. Os termos "Brinque", "Alegre o dia deles", "Faça-se presente" e "Escolha sua atitude" resumem a versão dos peixeiros para a velha sabedoria.

Os quatro ingredientes da Filosofia Peixe! foram misturados em proporções ideais para o mercado e ajustados até que o compromisso dos funcionários com a *vontade de ser* mundialmente famosos os levasse a *se tornar* mundialmente famosos. Agora pessoas do mundo inteiro chegam ao mercado só para ver esse fenômeno *in loco*; e a maioria acaba voltando para casa com peixe para o refrigerador e fotografias para o álbum, além de histórias e lembranças para o coração.

Lonnie me ajudou a descobrir a Filosofia Peixe! e eu ajudei minha equipe na First Guarantee a fazer o mesmo. Então, colegas de outros departamentos viram o que estávamos fazendo e isso os levou às suas próprias descobertas. Outras empresas também ouviram falar do nosso sucesso e começaram a perceber que aquilo que vinha sendo feito numa instituição financeira poderia ser feito em qualquer lugar. Estavam, no mínimo, curiosas.

No entanto, algumas dessas organizações visavam apenas aos resultados da filosofia, não pretendiam se comprometer com sua própria jornada de descobrimento. Tinham ouvido falar da radical evolução na First Guarantee e desejaram seus próprios resultados. E queriam esses resultados imediatamente.

Mary Jane pensou: *Agora lembro porque escrevi o lembrete para mim mesma sobre energia natural.*

Muitas dessas organizações em busca de resultados imediatos não queriam mudar de nenhuma forma substancial. Isso me ajudou a compreender que a Filosofia Peixe! *só* funciona com "*energia natural*". Você pode inspirar colegas a descobrir e praticar a Filosofia Peixe!, mas não pode recrutá-los ou coagi-los. Pode adequar a Filosofia Peixe!, mas não pode impô-la. "A energia natural é a chave para o sucesso quando é necessário o comprometimento total dos envolvidos."

A maioria de nós já passou por vários "programas" em nossa vida. Por isso nos fechamos ao suspeitar que alguém está tentando fazer algo conosco ou nos manipular, em vez de apoiar.

Mas, ainda que não possa dizer aos outros que sigam a Filosofia Peixe!, você pode servir de modelo, alimentar expectativas, inspirar, debater, retratar e viver a filosofia. Talvez seja preciso um pouco de paciência, mas a maioria das pessoas deseja para si uma vida melhor e vai logo aderir ao perceber que essa experiência é autêntica. Jornadas autênticas são abastecidas com *energia natural.*

Enquanto Mary Jane começava a reescrever as anotações sobre o primeiro ingrediente da Filosofia Peixe! — Brinque —, seus olhos pousaram sobre o calendário codificado por cor. *Isso é divertido*, pensou.

Mary Jane desenvolveu um código de cores para que pudesse ver, com uma olhada apenas, o equilíbrio de atividades nas diferentes facetas de sua vida. O código funcionava como um indicador instantâneo do "equilíbrio na vida". Usava tinta verde para anotações referentes ao trabalho, azul para atividades na comunidade, amarela para a família e o casamento, laranja para os amigos e para ela mesma. Ao olhar para o calendário, percebeu o mar verde com um borrifo de azul.

Será que deixei meu tempo com Lonnie, com as crianças, com os amigos e comigo mesma ser enxotado de minha vida pelo azul e pelo verde? As coisas têm andado bem no trabalho, mas o restante da minha vida foi para o espaço. Não foi isso que imaginei quando olhei para aquele peixe de boca aberta e vi um anel. Amo Lonnie e amo o jeito como criou laços com as crianças. Mas o que aconteceu com a diversão? Quando fui pela última vez à academia, passei algum tempo com os amigos ou li um livro?

Foi então que viu a única anotação em amarelo, feita sobre aquele dia. *Oh, meu Deus! O tempo passou tão rápido. Deveria estar no mercado a tempo de ajudar Lonnie na comemoração do seu último dia lá.*

O último dia de Lonnie no Mercado de Peixes

Mary Jane desceu a Queen Anne Hill e estacionou perto do mercado. Andou as quatro quadras até o Pike Place e, enquanto se aproximava, começou a ouvir sons familiares.

— Um salmão voando direto para Estocolmo! — gritou Wolf enquanto atirava um belíssimo salmão-real do Alasca em direção ao balcão, para o delírio de um casal parado perto dele. Os fregueses tinham vindo da Suécia para visitar o mundialmente famoso Mercado de Peixes Pike Place, e seus rostos estavam cobertos de lágrimas de riso.

— Um salmão voando direto para Estocolmo! — os outros vendedores gritaram em coro.

Este lugar simplesmente melhora com a idade, pensou Mary Jane enquanto entrava no mercado. Mas onde *está o meu homem*?

— Prancheta mágica — gritou um dos caras enquanto devolvia a prancheta ao balcão.

— Prancheta mágica — ecoaram os outros.

Um grupo grande de crianças estava amontoado ao redor de um peixe-sapo incitado a ficar abrindo e fechando a boca. Encantadas, elas soltavam gritinhos agudos sempre que um peixeiro alto, com botas que iam acima dos joelhos, apelidado afetuosamente de Inseto, fazia sua mágica.

— Ei, meu bem, o que você acha da minha roupa? — Era Lonnie.

Mary Jane olhou para o marido e levou um susto. Ele estava usando uma coroa dourada, feita com uma mandíbula desgastada de tubarão, e um manto de veludo roxo berrante decorado com tiras de papel, cada qual com uma frase escrita. Ela leu algumas delas:

Este é o meu último dia, então vamos cair na gandaia!
Brinque!
Alegre o seu dia.
Você pode tirar o homem do mercado, mas não pode tirar o mercado do homem.
Saiu para pescar.
Só um siri de cada vez, por favor.
Divirta-se!
Quer ver meu camarão?
Vai pescar!
O meu amor me chamou pra ver passar o linguado.

Eram tantas tiras de papel presas ao manto que Lonnie parecia um pouco com uma revista de palavras cruzadas ambulante. Suas botas de cano alto também haviam sido rabiscadas por algumas mãos trêmulas, já que cada um dos caras tinha acrescentado seus próprios recados com um marcador.

— Como estão as coisas, meu bem?

— Dizer adeus é bem mais difícil do que eu esperava — respondeu Lonnie. — Sorte minha que meu último dia é um dia cheio; não tenho tempo para pensar a respeito.

— Bom, pense só em como está ansioso para começar a faculdade e como esperamos para ter algum tempo para nós de novo.

— Vai ser fantástico, não? Imagine só eu estudando enfermagem.

Ele inclinou-se e deu-lhe um beijinho, o que fez Wolf gritar:

— Ei! Nada de agarração por aqui.

Mary Jane corou ligeiramente e sorriu para o sempre brincalhão Wolf.

— Preciso voltar ao trabalho, amorzinho. Olhe só para toda esta gente. Quem poderia imaginar?

— Eles estão aqui para se despedir de você, Lonnie. O artigo no *Seattle Times* sobre sua aposentadoria parece ter atraído muitos dos seus fregueses.

O artigo descreve o mercado de peixes como um tesouro local que tinha se tornado ponto turístico internacional. Em apenas um sábado o repórter do *Times* entrevistou visitantes de 23 países diferentes e perguntou a cada um como tinha ouvido falar do mercado e por que resolveu visitá-lo. As respostas deixaram claro que os 400 metros quadrados do Pike Place eram um ímã que atraía pessoas do mundo inteiro. Não parecia importar onde viviam —

o mercado de peixes estava em suas listas de "Lugares que quero visitar um dia".

— Vou ficar do outro lado da rua no cantinho de sempre ou talvez dê uma subida até o escritório. Tenho saudade das crianças, mas é bom ter algum tempo livre. Quem sabe, talvez escreva um pouquinho no meu diário.

— Obrigado, meu bem. Alguns dos rapazes vão sair mais cedo para decorar o salão de festas do restaurante Takara. Não tenho como saber quanto tempo vou ficar por lá. Pode levar mais algumas horas antes que eu possa ir embora.

— Estou realmente a fim de tomar um cafezinho e fazer umas anotações no diário, então não se preocupe. Divirta-se.

— Até mais tarde. — E com um beijinho final na bochecha lá se foi Lonnie atender uma família grande reunida em volta de uma garoupa. Antes de abandonar o mercado, ia alegrar o dia deles, fazer-se presente e vender-lhes 243 dólares em peixes que primeiro voariam até o balcão e depois para Oklahoma.

Mary Jane atravessou a rua até o café aonde Lonnie a tinha levado cinco anos antes, quando ela trouxe os filhos ao mercado — o mesmo café onde mais tarde a pediu em casamento. Foi lá que ele a apresentou à arte dos quatro ingredientes de Peixe! Ela sorriu ao lembrar-se de como Brad, que na época tinha apenas seis anos, só falava do passeio ao mercado nas semanas seguintes. *Lonnie é tão bom para o Brad. Ele realmente precisava de um homem em sua vida e aceitou Lonnie de imediato.*

Pode ter havido sinais de que algo pessoal poderia vir a manifestar-se entre Mary Jane e Lonnie durante aqueles primeiros encontros, mas ela estava absorvida demais com os problemas na First Guarantee para perceber.

Lembrou-se dos filhos, agora com 11 e sete anos, e desejou que estivessem se divertindo com os avós em Los Angeles. Brad tinha quatro e Sarah menos de um ano quando o marido de Mary Jane, Ken, morreu. Os pais dele eram um casal fantástico, sempre dispostos a ajudar e maravilhosamente envolvidos em suas vidas.

Enquanto tomava vagarosamente seu café, teve dúvidas de que aquele seria o último dia de Lonnie no mercado. Durante seus 12 anos lá ele havia se tornado uma instituição.

Lembrou-se de que Lonnie não tinha terminado o ensino médio e, mais tarde, com a ajuda de Jack, o dono do Pike Place Fish, e da avó zelosa que o tinha criado, fez um curso supletivo e conseguiu o diploma. Aquela vitória lhe deu o incentivo de que tanto precisava para se inscrever na Faculdade Técnica de Seattle. Com a ajuda financeira e o apoio moral de Jack, Lonnie persistiu. No ano anterior terminou o curso de enfermagem fazendo a faculdade de noite e o estágio supervisionado nos fins de semana. Depois de formado, continuou trabalhando no mercado durante a semana e aceitou uma oferta para seguir trabalhando nos sábados e domingos como enfermeiro do Hospital County General, onde tinha feito o estágio.

Este foi o primeiro sábado em meses em que Lonnie não estava no County General às 6h30 da manhã. Em vez disso, chegara ao Pike Place às 6h, Mary Jane pensou com um sorriso corajoso. *Bom, isso vai mudar. Venho sonhando com o dia em que nossa vida mais uma vez terá aquela sensação de normalidade que se perdeu quando Lonnie começou a trabalhar nos fins de semana. As escolhas que fizemos — como as tantas horas que passei trabalhando como voluntária no centro comunitário —, tudo parecia tão lógico no papel, mas a realidade acabou criando um curto-circuito em nossa vida juntos. Bom, se Deus quiser, essa tensão vai acabar em breve.*

Enquanto se ajeitava na cadeira, Mary deparou com um pensamento desagradável. Tinha havido menos ginástica e mais comida por ansiedade em sua vida nos últimos tempos e o resultado era bem evidente. *Sete quilos que eu não tinha há três anos e meio. Como deixei isso acontecer?* Mas Mary Jane sabia a resposta: uma escolha e um momento numa época em que a pressão das suas obrigações enxotou o que costumava ser dedicação à forma física; a solidão de uma vida dominada pelo trabalho e por muitos fins de semana em casa, sozinha com os filhos, e sem marido para alguns momentos a sós. Dava simplesmente trabalho demais ir à academia. Dava trabalho demais fazer boas escolhas quanto à alimentação.

Preciso tomar algumas medidas para diminuir meu peso e melhorar minha forma física, e também evitar que o trabalho domine minha vida.

Uma conversa inesperada com Wolf

— Terra para Mary Jane, câmbio.

Mary Jane viu o maior personagem do mercado, Wolf.

— Oi, Wolf. Acho que estava sonhando acordada. Sente-se um pouco.

— Este é um dia difícil para mim, Mary Jane. Sei que o que Lonnie está fazendo é bom para ele e estou feliz por isso, mas, com certeza, vou sentir sua falta por aqui.

Mary Jane estava surpresa. Nunca tinha ouvido nada parecido com emoção ou sentimento vindo de Wolf. Normalmente, era bastante ríspido, embora todos soubessem que tinha um coração de ouro graças a seus gestos gentis e generosos.

— Então somos dois, Wolf. Este é um dia difícil para mim também.

Wolf sentou-se. Então Mary Jane lembrou-se de algo que Lonnie lhe contara.

— Diga-me uma coisa, Wolf. Lonnie disse que você e sua mulher estão adotando uma criança. Como vai o processo?

O rosto de Wolf iluminou-se como uma árvore de Natal.

— Oh, Mary Jane, nós acabamos de finalizar o processo de adoção há dois dias. É a melhor coisa que já nos aconteceu. É um milagre. Um bebê é algo assombroso.

— Parabéns, Wolf. Quando você diz que foi um milagre, está falando sobre as dificuldades do processo? Eu li que ficou bastante difícil adotar por causa de alguns abusos cometidos em países pobres.

— Tivemos sorte, mas não é sobre isso que eu estava falando. Nós quase nos separamos.

— Desculpe-me, Wolf. Eu não pretendia me meter na sua vida.

— Tudo bem, Mary Jane. Estamos muito melhor agora e não me incomodo de contar à mulher do meu melhor amigo um final feliz. Sabe... eu estava pensando em você e Lonnie para padrinhos do pequeno Justin.

Mary Jane ficou perplexa. As revelações eram as maiores que Wolf já lhe fizera desde o dia que se conheceram no mercado. E a mulher de Wolf ela só tinha encontrado de relance em umas poucas festas; lembrava-se de Roberta como sendo uma mulher alta e impressionante, pelo menos 15 centímetros mais alta que o marido.

— Wolf, com certeza ficaremos muito felizes de sermos os padrinhos, se for isso o que você e Roberta decidirem.

— Já conversamos a respeito e acreditamos que vocês são grandes exemplos dos valores que queremos para Justin. — Ele percebeu o olhar triste no rosto dela. — O que houve, Mary Jane?

— Oh, hoje estive pensando um bocado sobre a minha vida. Sinceramente, estou sentindo certa pena de mim mesma. Acho que isso acontece quando nossa vida agitada diminui a marcha o bastante para termos melhor visão. Sei que Lonnie e eu fomos feitos um para o outro, mas de que isso adianta se nunca nos vemos?

— Vocês dois trabalham à beça, não? Conheço os compromissos de Lonnie e posso imaginar como a sua vida é ocupada agora que é famosa e foi promovida de novo.

— Eu não sou famosa, Wolf.

— Lonnie me contou que pediram para você falar na Câmara de Comércio de Seattle.

— Sim, mas isso não é grande coisa.

— Para mim, é.

Mary Jane sentiu que precisava mudar de assunto e ficou curiosa a respeito de algo que Wolf dissera.

— Posso lhe fazer uma pergunta pessoal?

— É claro.

— Como você mudou sua vida?

— Da mesma maneira que você mudou os rumos na First Guarantee.

— Mas a First Guarantee é uma empresa. Estamos falando de um casamento.

Wolf sorriu.

— Você levou as idéias do mercado para casa. Você levou a Filosofia Peixe! para casa, não foi, Wolf?

Wolf simplesmente sorriu de novo.

— E ajudou, não foi?

Wolf sorriu pela terceira vez.

— Conte para mim o que você fez. Por favor!

Wolf encolheu os ombros de um jeito ligeiramente positivo.

— Por favor?

Mas antes que Wolf pudesse responder, o celular de Mary Jane começou a tocar.

— Desculpe, Wolf. Pode ser uma das crianças.

Wolf deu um sorriso de quem sabia do que ela estava falando e acenou, enquanto se dirigia de volta ao mercado.

Interrompida

Mary Jane respondeu a chamada enquanto verificava de relance o número que aparecia no visor.

— Oi, mãe. — Mas não era sua mãe.

— Aqui é o policial Williams do Departamento de Polícia de Seattle. Estou aqui com sua mãe em frente ao Centro Cívico Sheraton. Ela está bastante desorientada e não creio que seja uma boa idéia que pegue no volante. Será que alguém da família pode vir buscá-la?

— Ela está bem? Houve algum acidente?

— Ela está ótima e não houve nenhum acidente, mas como ela estava dirigindo na contramão um acidente poderia ter facilmente ocorrido se eu não a tivesse parado. Ela não se lembrava do seu telefone, mas nós o achamos na memória do celular.

Mary Jane lembrou-se de Sarah programando o celular da avó algumas semanas antes e agradeceu em silêncio.

— Vou deixar meu carro em casa e chego já aí num táxi. Posso falar com ela?

— Sim, senhora. E eu realmente não acho que sua mãe deva dirigir novamente.

— Mary Jane. É você?

— Sim, mamãe. Já estou chegando.

— Estas ruas são tão confusas. Eles não param de mudar as coisas por aqui.

— Conversamos mais tarde, mãe. Já estou chegando.

Mary Jane correu até o carro e sequer parou para contar a Lonnie o que acontecera. Duas horas mais tarde subia o pequeno lance de escada que levava ao apartamento da mãe. O policial Williams fora simpático e compreensivo, explicando que a mãe dele tinha a mesma idade, mas era clara sua opinião de que a mãe de Mary não devia mais dirigir. E ela teve de concordar depois de ouvir a história toda.

Mary Jane entrou no apartamento com a mãe.

— Mãe, preciso voltar ao mercado e vou usar o seu carro. Depois que o policial me chamou, peguei um táxi e deixei meu carro em casa. Preciso usar o seu e mais tarde temos que conversar sobre a senhora dirigindo.

— Eu não saberia o que fazer sem meu carro, querida. Eu o uso para tudo e não há outro meio de transporte tão à mão neste bairro afastado do centro.

— Eu sei, mamãe. Sinto muito, mas queremos sua segurança. Amamos você. Voltamos a falar sobre isso mais tarde. Aposto que já está precisando pôr os pés para cima.

A mãe afundou em sua poltrona e disse:

— Quando vai trazer meu carro de volta?

— Eu realmente não acho que você devesse estar dirigindo, mamãe. O policial foi bastante enfático. Logo conversaremos sobre isso, e, por enquanto, vou cuidar para que chegue aonde precise ir.

— Não foi minha culpa, querida. Eles trocaram a direção das ruas. Como vou fazer compras? Como vou à igreja? E ao clube de fotografia? E se você precisar de mim e eu tiver que chegar à sua casa rapidamente?

— Confie em mim, mamãe. Vamos resolver tudo, mas preciso voltar ao mercado. Você sabia que hoje foi o último dia de Lonnie? — Mary Jane lhe fez um resumo rápido numa tentativa de tirar o carro da cabeça dela.

— Isso é maravilhoso, querida. Acho que vou me deitar um pouquinho.

— Ligo mais tarde, mamãe, e nós vamos conversar mais um pouco.

De volta ao mercado

Mary Jane voltou ao mercado sentindo-se culpada. Tinha acabado de abandonar uma mãe carente. *O que aconteceu com todas as vagas para estacionar? O que vou fazer na segunda? Segunda-feira é reunião trimestral de planejamento estratégico. Não posso deixar de ir. Onde estão todas as vagas?*

Mary Jane rodou quatro quarteirões até encontrar uma vaga. Já tinha passado o horário de pique no mercado mas, enquanto se aproximava, podia perceber que ainda estava movimentado. Nenhuma das cadeiras perto da barraca de peixe estava disponível, então, mais uma vez, enfiou-se numa cadeira do café. Mary Jane deu uma olhada para o outro lado da rua mas não conseguiu ver Lonnie. *Tomara que não esteja preocupado. Ai, meu Deus. Desliguei o celular na delegacia de polícia e esqueci de ligar de novo. Ligou-o de volta mas não havia nenhuma ligação não atendida.*

Reconhecendo que tinha de se acalmar, pegou o diário e colocou-o sobre a mesa. Abriu-o e procurou as páginas onde guardava seus poemas favoritos. Eis que achou um poema de David Whyte chamado "Doce escuridão":

Doce escuridão

DE DAVID WHYTE

Quando seus olhos se cansam
o mundo se cansa também.

Quando sua visão se foi
nenhuma parte do mundo lhe encontra.

Hora de penetrar na escuridão
onde a noite tem olhos
que reconhecem os seus.

Lá, tenha certeza,
não está longe do amor.

A escuridão será o seu berço
esta noite.

A noite lhe dará um horizonte
mais longe do que possa ver.

Precisa aprender uma coisa.
O mundo foi feito para sermos livres.

Desista dos outros mundos,
exceto ao qual pertence.

Às vezes, é preciso o escuro
e a doce prisão da solidão
para aprender

que qualquer coisa ou pessoa,
que não lhe faça sentir vivo,

é pequena demais para você.

Minha vida é pequena demais para mim? Será que tornei minha vida pequena demais para mim? O que está acontecendo com Lonnie e sua carreira me parece positivo, mas, então, por que não estou mais feliz ou não me sinto com mais vida?

A vida nova de Lonnie

Lonnie tinha sido aceito na escola de enfermagem da Washington State University em um programa especial. Lá poderia completar os requisitos da qualificação de enfermeiro registrado e conseguir o diploma de bacharel em enfermagem em três anos, enquanto continuava a trabalhar meio expediente como enfermeiro licenciado — um monte de títulos, é o mínimo que se podia dizer. O programa da Washington State pretendia atrair mais homens e mulheres para a enfermagem numa época em que era difícil encontrar enfermeiros e enfermeiras registrados para preencher as vagas dos hospitais locais. Um programa perfeito, pois era voltado para alunos casados com interesse na área de saúde, mas que não tinham condição de abandonar seus empregos. Financiamento a juros baixos fazia parte do pacote.

Mas Lonnie tinha de deixar o mercado. Mary Jane sentia orgulho das conquistas dele e, ao mesmo tempo, tristeza por sua partida do lugar onde tinha passado a maior parte da sua vida adulta e um pouco da infância. Ela sabia que Jack e os outros peixeiros, e a falecida avó, eram a única família que ele conhecera. *Mas agora somos uma família,* pensou ela.

Mary Jane olhou para o mercado e podia ver o início do trabalho de limpeza à medida que a multidão diminuía e os peixeiros começavam a arrumar suas bancas. Ela sabia por experiência que teria outra meia hora para si mesma — o que não era o bastante para subir ao escritório.

Com mais algum tempo para gastar enquanto as sombras da tarde de sábado se alongavam, Mary Jane relaxou e deixou sua mente vagar. Do outro lado da rua o barulho festivo e por vezes estridente vindo do mercado começava a desaparecer à medida que o dia chegava ao fim.

O que vou fazer a respeito de mamãe? Ela não pode continuar dirigindo. Não quer se mudar para o nosso quarto de hóspedes, porque diz ter medo de perder a independência e acha que será um peso grande para nós, mas, sem um carro, quanta independência poderá ter? E ela esquece coisas importantes como tomar o remédio para a pressão alta.

E a vida está andando tão rápido. E Lonnie? Será realista achar que as coisas vão melhorar quando ele parar de trabalhar nos fins de semana? O que vamos fazer para trazer de volta o prazer de vivermos juntos?

Então, lembrou-se da conversa que teve com Wolf. Parecia ter acontecido há muito tempo, mas foi há umas poucas horas. *Sempre pensei na Filosofia Peixe! como algo relacionado com o trabalho. Mas a sabedoria não deve estar limitada a um local.*

A rua atraiu sua atenção. Jack, o dono do mercado, estava vindo em sua direção, com Lonnie.

— Oi, Mary Jane. Foi um dia e tanto e a noite vai ser uma loucura. Mas o sábado da semana que vem deverá ser ainda mais interessante. Você não contou ao Lonnie, contou?

— Lonnie não faz a menor idéia — respondeu Mary Jane com um sorriso, parecendo que se divertia muito.

— Ei, esperem um minuto aí. Não é justo que vocês armem para cima de mim deste jeito — disse Lonnie.

— Mary Jane disse que você estaria livre daqui a duas semanas e nós planejamos mais um evento para comemorar sua aposentadoria. Nós... — Jack soltou uma risada nesse momento, e então parou para se recompor. — ...vamos aposentar seu avental!

— Vão fazer o quê?

— Vamos aposentar seu avental, Lonnie. Temos um lugar na parede dos fundos acima do balcão onde ele vai ficar pendurado. Como as relíquias do futebol e do beisebol. Você sabe, Michael Jordan, todos os grandes, e agora Lonnie. Vai ser o primeiro avental na parede da fama dos Mundialmente Famosos Peixeiros do Pike Place.

Lonnie estava tão cansado que tudo o que conseguiu dizer foi:

— Como vocês quiserem.

— Mary Jane, acho que Lonnie tem boas notícias para você. Ao menos espero que sejam boas notícias. Bom, preciso ir para casa e pegar minha mulher. Vejo vocês depois.

A explosiva jornada para casa

De mãos dadas, Lonnie e Mary Jane caminharam por um longo tempo até o estacionamento no beco dos fundos, olhando para as vitrines das lojas e conversando sobre o dia no mercado. Lonnie estava animado e queria compartilhar as conversas que havia tido com velhos fregueses. Quando chegaram ao carro, Lonnie estranhou, mas entrou sem dizer uma palavra.

Enquanto começavam a descer a Quarta Avenida no curto trajeto até o Queen Anne Hill, Lonnie deixou escapar:

— Podíamos ter chegado em casa à pé no tempo que levamos para ir até o carro.

Foi tudo o que precisou para Mary Jane cair em prantos. Chorava tanto que precisou parar o carro, deixando Lonnie boquiaberto.

Embora Lonnie tivesse aprendido nos três anos de casamento que não se deve apressar certas coisas, eles não podiam perder tempo entre trocar de roupa e dirigir até o restaurante Takara se quisessem chegar no horário. E lá estavam, parados a quatro quarteirões de casa, esperando Mary Jane parar de chorar. Pressionado pelo tempo, Lonnie disse:

— É óbvio que tem algo acontecendo, Mary Jane, e eu quero apoiar você, meu bem, mas só temos 30 minutos antes do jantar.

Mary Jane fitou-o com um olhar frio e esfregou os olhos:

— Você pode ir sozinho. Parece mesmo que não existe mais nenhum tempo para mim em sua vida. Você notou que estou dirigindo o carro de mamãe ou estava tão envolvido consigo mesmo que não percebeu isso também?

Cada palavra vinha afiada pela raiva e Lonnie ficou paralisado. Mary Jane pôs o carro em movimento e eles passaram o resto do trajeto para casa em silêncio. Quando o carro subiu a calçada em direção à garagem, Lonnie já tinha reunido forças para dizer simplesmente:

— Me desculpe.

Mary Jane continuou olhando para a frente e então voltou-se para Lonnie:

— Sei que também tenho estado ocupada, ocupada demais para sequer perceber como estou frustrada com a nossa vida. Mas este é o seu grande dia e não quero acabar com a festa. O meu estresse não é pelo que aconteceu hoje; mas veio à tona hoje. Vamos à festa e tentaremos nos divertir se pudermos.

— Você é tudo para mim, Mary Jane. E agora penso em Brad e Sarah como meus filhos, mesmo sabendo que sempre terão uma ligação com o pai de verdade, que eu não vou poder substituir. Não podemos ao menos conversar a caminho da festa? Realmente quero saber o que aconteceu e por que está dirigindo o carro de sua mãe.

Trocaram de roupa e a caminho da festa ela descreveu os acontecimentos do dia, deixando de lado suas preocupações sobre o peso que tinha ganho e outros assuntos que a estavam preocupando. Ela se concentrou no dilema com a mãe.

Quando chegaram à comemoração, eles se deixaram envolver rapidamente com os festejos.

Brad e Sarah voltam

Lonnie e Mary Jane estavam esperando junto ao portão da aviação Alaska enquanto os passageiros vindos de Los Angeles desembarcavam. Normalmente, ficar observando a variedade de pessoas que chegam de Los Angeles é divertido, mas tendo ido para a cama tarde e acordado cedo, eles estavam um pouco grogues e sonolentos enquanto esperavam as crianças. Como Brad e Sarah viajavam desacompanhados, Lonnie e Mary Jane puderam atravessar o portão até a área de controle de segurança. Ouviram os filhos antes que pudessem vê-los.

— Fomos à Disneylândia, andamos na Space Mountain duas vezes e eu fechei os olhos e levantei os braços, e foi tão legal... Mamãe! Lonnie!

Uma simpática aeromoça entregou as crianças, com os documentos, enquanto circundava o perímetro do grande abraço familiar.

O trajeto para casa foi cheio de histórias sobre a viagem a Los Angeles até Brad, sempre intuitivo, perguntas abruptamente:

— Está tudo bem?

Mary Jane resolveu restringir a resposta:

— Vovó teve algumas dificuldades enquanto vocês estiveram fora.

— Ela está bem, quero dizer, sã e salva e tudo mais?

— Sim, Brad, ela está bem e ansiosa para ver vocês dois.

— Por que estamos no carro dela?

— Bom, ela teve um problema dirigindo na contramão e eu achei melhor me apropriar do carro. Na verdade, acho que ela deve parar de dirigir.

Brad ficou pensando a respeito por algum tempo e disse:

— Mas ela faz tanta coisa. Como vai andar por aí?

— Nós ainda não pensamos nos detalhes. Isso aconteceu ontem. Mas eu e Lonnie queremos que você e Sarah participem da discussão a respeito da vovó. Algumas das possíveis soluções vão afetar vocês.

— Você está dizendo que eu e Sarah vamos falar sobre coisa de gente grande? Uau!

Mary Jane e Lonnie trocaram sorrisos. E, então, Mary Jane lembrou que os problemas escolares do seu querido menino ainda não tinham sido resolvidos. Alguns dias antes, a professora comentou que Brad estava cada vez mais mal-humorado em sala de aula. Ela não deu muita atenção. *Não posso resolver isso agora.*

— Lonnie e eu temos que dar uma pausa de gente grande enquanto vocês dois desfazem as malas. Você se lembra das pausas de gente grande?

— Sim, mamãe.

— Mas antes de irmos para casa, eu tenho uma surpresa.

— Já sei — disse Sarah —, vamos ver a vovó.

— É isso mesmo. Como você adivinhou tão rápido que era essa a surpresa?

— É que estamos indo para a casa dela, não estamos?

Lonnie acrescentou:

— Seu senso de direção é tão bom que você deveria estar no volante, Sarah.

Sarah ainda estava rindo quando chegaram para levar a avó para um *brunch.*

Uma conversa séria

Lonnie e Mary Jane se reuniram naquela noite no escritório do sótão, enquanto as crianças acabavam de desfazer as malas. Após um *brunch* com a avó bem confusa, Brad e

Sarah já tinham mais consciência da difícil situação. Enquanto o casal puxava as cadeiras para perto uma da outra, sentiram o peso da discussão sobre os ombros.

Mary Jane olhou para Lonnie.

— Não estou certa de que minha mãe deva ficar sozinha. Acho que ela está tendo dificuldades para se lembrar de coisas importantes do dia-a-dia e estou preocupada, pois pode estar se esquecendo de tomar os remédios. Eu não tinha notado isso até ontem. Você tinha?

— Não ao ponto que vimos hoje. Também estou preocupado. Ouvi falar de uns tais pequenos derrames. E vi pessoas no hospital com sintomas parecidos. A confusão dela pode ser um sinal de que teve alguns pequenos derrames e nem se deu conta. Às vezes, a confusão é apenas temporária. Uma consulta médica é indispensável.

— Definitivamente! Lonnie, ajude-me a resolver isso. Ela não deve dirigir. Concorda?

— Ela não parou de perguntar sobre o carro durante o *brunch*, queria saber quando vamos levá-lo de volta, mas, sim, concordo.

— E ela deixou bem claro que não quer nos incomodar vindo para cá. Você acha que isso vai mudar? Uma casa de repouso ou um centro residencial para idosos é uma mudança muito grande.

— Não sou um especialista nisso, Mary Jane, mas, às vezes, os idosos têm receio de se tornar um peso. Isso não significa necessariamente que ela se recusaria a morar com a gente. Ela pode estar simplesmente tentando respeitar nossa vida.

— Mas e você, Lonnie? Gostaria de ter minha mãe em casa 24 horas por dia, sete dias por semana?

— Seria uma grande mudança, Mary Jane, mas quando sua mãe foi pega andando com o carro na contramão, as vidas de nós todos mudaram. Vamos ter de fazer muita acrobacia e planejamento para determinar o que devemos fazer por ela, esteja onde estiver. Se ficar no apartamento, a distância até nossa casa é um problema.

Lonnie olhou para Mary Jane pensativo e então disse:

— Ouvi falar de comunidades de idosos onde eles têm uma série de serviços completos. O hospital dirige uma comunidade como essa chamada Forest Glen. As fotografias mostram um ambiente rural com muitas árvores e acho que fica mais perto que o apartamento dela, e não exige que cruzemos a cidade.

— E também existe assistência residencial e refeições entregues em casa — acrescentou Mary Jane. — Ela podia se mudar para mais perto e ter acesso a esse tipo de assistência.

— Mas o que você realmente quer, Mary Jane?

— Acho que o que eu quero é pedir demais a você e nem sei se mamãe concordaria.

— Preciso dizer uma coisa importante para você, Mary Jane. Minha avó foi para uma casa de repouso e lembro que me senti culpado por não poder lhe dar muita atenção, mas, sendo solteiro, eu não tinha como assumir essa responsabilidade. Sabe, é tradição na minha cultura trazer os idosos para a casa da família e, aparentemente, é a coisa certa a fazer. Quero sua mãe aqui, se é isso que você quer.

Acho que seria a coisa certa a fazer e uma grande experiência para as crianças.

— Oh, Lonnie. — Mary Jane engoliu o choro várias vezes, mas não conseguiu prosseguir. Então, simplesmente, ergueu-se e abraçou Lonnie. Conseguiu, então, terminar o que estava dizendo:

— Isso é tão generoso, querido. Você acha que já está na hora de envolver as crianças na discussão?

— É claro que sim.

O conselho familiar

Pouco depois de convidarem as crianças a subir, Brad surpreendeu-os dizendo:

— Acho que ela só precisa saber que nós queremos de verdade, de verdade mesmo, que venha morar conosco. Então, será que nós queremos mesmo que ela venha morar conosco?

Eu quero. Seria legal ter vovó aqui em casa.

— Brad, isso é tão gentil de sua parte.

Brad olhou para a mãe com uma expressão orgulhosa.

— Obrigado, mamãe. Eu gosto muito da vovó.

— Eu também — disse Sarah. — E ela pode dormir comigo.

O comentário inocente de Sarah arrancou grandes sorrisos de todos e chegou a comover Mary Jane.

— Acho que ela ia preferir o quarto de hóspedes, porque tem um banheiro bem perto, mas você também é muito gentil, Sarah. Nós, certamente, temos espaço em nossa grande e velha casa e mamãe poderá contribuir nas tarefas domésticas e nas despesas. Mas temos um grande desafio.

— Qual, mamãe?

— Brad já falou dele. Temos de convencê-la de que nós a queremos de verdade, para que não recuse o convite por ter medo de ser um peso. Ela tem todo o direito de decidir sobre sua vida, mas não queremos que diga não pelo motivo errado.

Lonnie acrescentou:

— E se ela decidir morar conosco, nossas vidas vão ser diferentes daqui para a frente. Por algum tempo ela vai continuar sendo nossa melhor babá, mas ela mesma pode vir a precisar de alguma ajuda, como minha avó precisou quando fraturou o fêmur.

Esse comentário levou a uma discussão com as crianças sobre a vida dele antes que o conhecessem e Lonnie conversou a respeito das tradições de diversas culturas sobre os idosos sendo acolhidos nas casas dos filhos. Isso fez com que o sempre atencioso Brad perguntasse como ele e Sarah decidiriam quem deveria convidar Lonnie e Mary Jane para morar em sua casa quando crescessem.

Mary Jane sentiu alívio e, ao mesmo tempo, medo, já que a decisão e o peso da decisão foram compreendidos pelas crianças. Ela deixou escapar:

— Para nós, vai ser como pôr lenha no fogo. As nossas vidas já estão cheias até a borda. Tanto que... — Parou quando percebeu que as crianças estavam presentes e provavelmente não era a melhor hora para expor os problemas pessoais do casal. Ela se recobrou rapidamente, dizendo:

— Acho que ela vai aceitar nosso convite se a convencermos que estamos sendo sinceros. Brad tem razão; ela precisa saber que nós a queremos de verdade. Bem, não sei exatamente como abordar esse assunto com vovó, mas está na hora da cama para todos aqueles que vão para a escola amanhã.

Depois que as crianças já estavam deitadas, Lonnie olhou para Mary Jane e disse:

— Foi um grande dia, não?

— Grande dia e grande fim de semana. Estranhamente, estou mais esperançosa agora apesar do choque por ter de pensar na possibilidade de mamãe se mudar para cá. Vai se deitar?

— Vou. E você?

— Ainda não, meu bem, mas sei que sua manhã começa mais cedo que a minha. Preciso dar um telefonema.

Um telefonema e cama

Mary Jane voltou para o escritório no sótão, onde havia começado aquele fim de semana maluco revendo e reescrevendo suas anotações. Encontrou o número que estava procurando. Olhando de relance para o relógio, pensou: *Será que 21h45 é muito tarde para ligar para Janell num domingo à noite. Acho que não. Ela tem dois filhos e gosta da calmaria da noite para espairecer com Jimmy, seu marido.*

Janell Wong tinha se tornado a melhor amiga de Mary Jane no trabalho. Foi a primeira de sua equipe a reconhecer as possibilidades da Filosofia Peixe! e rapidamente tornou-se uma aliada na revolução do terceiro andar. Já sendo uma supervisora muito querida, ela mostrou uma extraordinária habilidade de liderança e começou a ser recrutada por outros setores. Janell estava compromissada com o terceiro andar, mas Mary Jane a encorajou a considerar as ofertas. Há um ano Janell aceitara uma promoção para dirigir o centro de atendimento ao cliente, e elas conversavam regularmente sobre o trabalho e a vida. Mary Jane discou o número de Janell.

— Olá, Jimmy. Será que está muito tarde para falar com Janell? Obrigada.

— Oi, Janell. As crianças já estão na cama?

— Já estão dormindo profundamente, Mary Jane. Está tudo bem? Esta hora é bem tarde para você.

— A resposta sincera é sim e não. Podemos marcar um almoço na semana que vem? Eu gostaria da sua ajuda para uma decisão. Eu e Wolf vamos nos encontrar no mercado e quero que esteja lá.

— Isso seria como nos velhos tempos. Só me diga onde e quando.

— Aviso quando tiver arranjado tudo. Tem alguma preferência quanto ao dia?

— Qualquer dia menos segunda-feira.

— Obrigada, Janell. Vou deixar você voltar para a sua família. Estou muito grata a você, de verdade.

— Sem problema. Você vai me deixar curiosa até lá?

— Bom, você me disse certa vez que algumas idéias da Filosofia Peixe! a ajudaram a se tornar uma mãe melhor. Eu gostaria que você me esclarecesse sobre essas idéias.

— Negócio fechado. Essa é a tarefa mais fácil que tive nos últimos tempos. Até semana que vem. Boa-noite.

— Tchau.

Novo encontro com Wolf

Quarta-feira, Mary Jane e Janell chegaram ao mercado com o almoço em quentinhas. Mary Jane acenou para Wolf e atravessou a rua, onde ela e Janell ajeitaram três cadeiras ao redor de uma mesa que só estava vazia porque os assentos haviam sido espalhados pelo pátio.

Mary Jane conhecia bem a rotina. Em dias ensolarados, o lugar estava sempre abarrotado na hora do almoço. Pediram um refrigerante para Wolf e *cappuccinos* para as duas. Mary Jane ia sentar-se numa cadeira sem braços, mas pensou melhor e deixou-a para Wolf, que pesava quase 100 quilos. Janell percebeu o movimento e comentou:

— Por que a dança das cadeiras?

— Oh, isso é apenas uma dança que eu criei em homenagem a alguns quilos indesejados.

— Legal. Esta moda está circulando por aí. Circulando. Circulando.

— Dá um tempo, Janell; você não perdeu nem ganhou um grama desde que a conheço, exceto quando estava grávida.

— Não sei se isso é verdade, mas tenho uma estratégia. Eu, com freqüência, como com peixe.

— Você come muito peixe?

— Não. Eu, com freqüência, como com Peixe!

Mary Jane continuava sem entender.

— Não vejo a hora de conversarmos sobre isso, mas vou ter que esperar. Aí vem Wolf.

— E como estão estas duas lindas garotas hoje? Janell, tudo certo?

— Tudo ótimo, Wolf.

— Como disse ao telefone, Wolf, acho que Janell talvez possa acrescentar algo à nossa conversa. Chame de intuição feminina.

— Bom, sou a favor de qualquer coisa feminina. Meus camaradas já devem estar ansiosos para saber o que estou fazendo aqui com duas mulheres atraentes. É claro, eles conhecem você, Mary Jane, mas Janell vai deixá-los intrigados. Conte-me de novo no que está pensando.

— Foi o jeito que você sorriu no outro dia quando estávamos conversando e eu lhe perguntei se levou a Filosofia Peixe! para casa. Você levou, não levou?

Wolf sorriu.

— Vamos lá, Wolf. Será que me enganei com sua expressão de incentivo quando perguntei se poderia me ajudar?

— Sou uma pessoa bastante reservada e você quer que eu fale sobre coisas das quais normalmente não comento. Mas quero ajudar. Primeiro, você tem que me dizer qual é o problema.

— Tudo bem. Tenho um filho que está começando a se comportar mal na escola e que, com freqüência, fica de mau humor em casa. Tenho um marido maravilhoso que vejo pouquíssimo por causa dos nossos horários de trabalho incompatíveis. Minha mãe está passando por alguns problemas e talvez se mude lá para casa. Ganhei alguns quilos de tecido adiposo indesejados nos últimos três anos; sem fazer o menor esforço. Resumindo, minha vida familiar está uma porcaria; mesmo que aparentemente pareça que tenho tudo.

Nesse momento uma Janell perplexa estendeu o braço e segurou a mão de Mary Jane.

— É só isso, Mary Jane? — disse Wolf, pensativo e sorridente.

— Não! Já que perguntou, tenho me irritado com pessoas que demoram muito a me atender em lojas, ando sempre rabugenta e mal-humorada em casa e, quando me sento para pensar sobre o que me aconteceu — algo que nunca tenho tempo para fazer —, percebo que não estou aproveitando a vida. E cheguei ao ponto de perder a paciência com minha mãe com um assunto sobre o qual ela não tinha nenhum controle.

— Tá certo. É só isso?

— É! Você acha pouco?

— Posso lhe dar mais algum tempo se precisar — disse ele sorrindo.

— Por que ainda está com esse sorriso? O assunto é sério, Wolf. Estou me odiando.

— Fique calma. Vou lhe contar porque estou sorrindo. É porque aqui está você — a mulher que transformou algo que era chamado de "o depósito de lixo tóxico" em um lugar de trabalho produtivo e estimulante ao descobrir e usar os mesmos ingredientes que regem nossa rotina no mercado. E, ainda assim, não conseguiu resolver os problemas de sua própria vida.

"Você tem tudo de que precisa, Mary Jane. Sabe tudo o que precisa saber. A Filosofia Peixe! não é apenas uma filosofia de trabalho, embora eu e você a tenhamos empregado no campo profissional com ótimos resultados. A Filosofia Peixe! é uma filosofia de vida. Seja o trabalho ou o dia-a-dia em casa — tudo é vida, Mary Jane. Ambos podem ser beneficiados por um pouco de diversão, certa intimidade, por estarmos presentes para os outros e por um exame cuidadoso da atitude pela qual estamos optando. E meu sorriso tinha mais uma razão. Também demorei para fazer essa ligação. Ainda assim, acredito que tais ingredientes podem ter salvado meu casamento quando finalmente os levei para casa. É isso aí. E você Janell?"

— Você pode contar mais um pouco, Wolf? Quero dizer, do seu casamento?

Wolf inspirou fundo e ficou quieto por um momento.

— Isso é difícil para mim. Mas, tudo bem. O pedido de divórcio já estava rascunhado e eu me perguntava se tinha feito tudo o que podia. Aí me toquei que o que havia feito para tentar salvar meu casamento sempre envolvia minha esposa, e, normalmente, o tiro saía pela culatra. Então, comecei a pensar em coisas que eu podia fazer por minha própria conta. Isso pode parecer banal, mas percebi que minha mulher era mais importante para mim que todos os meus fregueses no mercado e que, na verdade, eu não queria o divórcio. Então, comecei a tratá-la como se fosse mais importante que qualquer freguês que já tenha pisado no mercado. Fazia pequenas gentilezas. Tentava ficar alegre a seu lado. Quando ela falava, eu ouvia com zelo, e comecei a prestar atenção em minha atitude em casa. Após duas semanas, ela começou a me olhar de forma diferente. Um dia me falou que algo havia mudado, mas não sabia bem o que era. Então, notei que ela começou a responder na mesma moeda. Certa manhã encontrei um pequeno coração no banheiro com uma mensagem simples escrita nele, e as coisas têm melhorado desde então.

Mary Jane estava espantada e boquiaberta. Então disse:

— Me desculpe, Wolf. Eu nem sabia que vocês estavam tendo problemas até você mesmo falar sobre o assunto no outro dia. Obrigada.

— Isso facilitou muito as coisas para mim, Wolf. Obrigada — disse Janell.

Wolf inclinou a cabeça, e Janell prosseguiu:

— Tenho dois filhos com dificuldades de aprendizado e cheguei ao ponto de ter medo de voltar para casa depois do trabalho. Amo as crianças, mas quanto mais tentava controlá-las, mais difícil ficava. Um dia percebi que não tinha nada a perder, e então levei a Filosofia Peixe! para casa. Meu relacionamento com as crianças mudou completamente. Elas sempre terão suas dificuldades, mas nós descobrimos uma forma de estar juntos muito mais prazerosa para mim e para elas. Meus vizinhos devem pensar que sou maluca, mas nós dançamos com o aspirador de pó. Cantamos quando estamos lavando a louça. E criamos muitas maneiras de nos divertir com o trabalho escolar. Inventei um sotaque escandinavo que uso para falar sobre coisas que eles costumavam rejeitar. E o melhor de tudo, agora podemos sair para jantar. O jogo é ver quem consegue alegrar o dia do garçom. Quando conversamos, sento-me com eles, em vez de falar fazendo outra coisa ao mesmo tempo. Temos um jogo de surpreender uns aos outros com pequenos presentes e gestos, e sempre agradecer a pessoa que alegrou nosso dia. Descobri uma cartela de adesivos com diversos tipos de carinhas diferentes — alegre, triste, zangada, surpresa e dezenas de outras. Sabem do que estou falando?

Mary Jane e Wolf inclinaram a cabeça e Janell prosseguiu:

— Peço uma "pausa para a atitude", nos sentamos e colocamos no calendário o adesivo que mais combina com as nossas atitudes. Então, conversamos sobre as escolhas que fizemos e discutimos algumas novas posturas que vamos experimentar. No mínimo ficamos conscientes de nossas atitudes e sabemos reconhecê-las. Não acredito que vamos precisar dos adesivos por muito mais tempo; logo poderemos usar as próprias palavras.

Mary Jane escrevia tudo em seu diário. Olhou para os dois companheiros de mesa e disse:

— Ótimo, muito obrigada. Isso é fantástico, Janell, mas eu gostaria de aproveitar mais algumas idéias. Que tal me contar mais detalhes? Como é que você faz?

Wolf e Janell sorriram.

— Estou falando sério. Queria saber mais detalhes específicos que eu possa levar para casa e usar. Vocês dois parecem ter centenas de idéias.

Wolf e Janell continuaram sorrindo.

— Não estou entendendo.

Janell foi em socorro da amiga.

— Mary Jane, nunca vou me esquecer do dia em que voltou do mercado tão cheia de energia. Você estava louca para fazer algumas mudanças imediatas, mas, em vez disso, o que fez?

— Bom, fiquei com medo de vir com a carga toda, vocês pensariam que era uma novidade, um programa ou algo assim e rejeitariam. Então, procurei uma forma de ajudá-los a fazer a mesma descoberta que fiz. Eu sabia que a energia tinha de ser natural, e se fizesse muita pressão vocês poderiam acompanhar por algum tempo, mas não muito.

— E o que está nos pedindo agora?

— Entendi. Então, estão me contando pacientemente algo que eu já devia saber na prática. Não posso pegar as idéias de vocês e implementá-las. Tenho que me juntar à minha família em nosso próprio processo de descoberta.

— Não seja dura consigo mesma. Quando estamos estressados ou sob pressão, fica mais difícil enxergar o óbvio. Grande parte da força, como sabe, está na descoberta.

— Certo. Mas penso que seria muito útil e interessante ouvir as histórias de vocês.

Wolf e Janell concordaram e passaram o resto do tempo juntos compartilhando mais detalhes de suas histórias. Mary Jane podia copiar as idéias e implementá-las, mas também podia se inspirar nelas para descobrir seu próprio caminho.

Quando terminaram, Mary Jane agradeceu-lhes e disse:

— Agora é comigo. Quero dizer, conosco.

Wolf e Janell sorriram e Mary Jane riu.

Então Wolf veio com outro pensamento tão óbvio que poderiam facilmente deixar escapar.

— Não esqueça que você tem os melhores especialistas do mundo em casa.

— Eu já tinha percebido. Mas como se diz mesmo? Santo de casa não faz milagre, não é? Apesar de entendermos tanto de Peixe! no trabalho, acho que estamos dando os primeiros passos no nosso caminho de descoberta em casa.

A inauguração da galeria da fama da Filosofia Peixe!

Mary Jane nunca tinha visto o mercado tão cheio. Era difícil se mover, mas os peixeiros pareciam encontrar maneiras de continuar vendendo peixe e encantando a multidão. Wolf e JD faziam demonstrações. Quando lhe pediam dois peixes, Wolf os atirava para JD e este pegava ambos no ar. A multidão delirava. Se soubessem quanto tempo Wolf e JD tinham praticado — usando dois peixes de borracha untados de sebo. Mas valeu a pena, pois hoje proporcionavam momentos inesquecíveis aos fregueses.

Um administrador do mercado, com o rosto vermelho, tentava desesperadamente abrir espaço entre as pessoas em um corredor. E assim conseguiu irritar todos que encontrou. *Ele não combina com isto aqui*, pensou Mary Jane. *Devia voltar para o seu escritório antes que a alegria acabe.*

Jack pegou o microfone que ficava no balcão, com Lonnie a seu lado. Então ligou o apetrecho, que fez o chiado costumeiro, e todos taparam os ouvidos. Após alguns ajustes, estava pronto.

— Hoje é um dia especial para o Mercado de Peixes Pike Place. É um dia triste pois um dos nossos melhores homens está partindo. É um dia feliz porque ele está indo atrás de um diploma que vai dar acesso à carreira dos seus sonhos na área da saúde. Durante 13 anos Lonnie foi um líder no Mercado Pike Place e vamos sentir muita falta dele. Ele foi um dos homens destemidos que disseram de saída: "E por que não nos tornamos mundialmente famosos?" Devemos muito a ele.

"Hoje, pela primeira vez, nós, no mundialmente famoso Mercado de Peixes Pike Place, vamos aposentar um avental. E ao fazer isso inauguramos nossa galeria da fama. Bom, na verdade, não é uma galeria, é só aquela viga lá."

Após algumas risadas, Jack tomou o avental de Lonnie, subiu num banquinho e pregou-o na viga sobre o balcão. Seguiu-se um aplauso ensurdecedor e alguém gritou:

— Discurso, discurso!

Logo toda a multidão estava gritando.

Lonnie ergueu a mão pedindo silêncio enquanto pegava o microfone.

— Obrigado, Jack. Treze anos atrás você deu a um garoto rebelde uma oportunidade quando lhe ofereceu um trabalho, serviu como exemplo de um adulto generoso, e me arranjou um lugar para ficar. Aquele garoto estava indo para o lado errado, sempre encrencado com a lei. É que a mãe substituta que fazia tanto esforço para cuidar dele também tinha seus próprios problemas. Você não pensou duas vezes e o pôs aos seus cuidados, e lhe ensinou a trabalhar, a progredir, a amadurecer, a valorizar a educação. Jack, às vezes, acho que lhe devo a vida.

A voz de Lonnie estava falhando e lágrimas escorriam por seu rosto. Ele parou por um momento, e prosseguiu:

— No tempo em que estive aqui, percebi que fez o mesmo com vários jovens. Vejo você como um tesouro desta comunidade e adoro você. Eu e os outros caras somos gratos pela ajuda que nos deu para encontrarmos nossos caminhos.

Mary Jane tremia de emoção enquanto olhava alternadamente para o marido e para Jack. Este tinha um lenço na mão e fingia limpar o nariz quando, na verdade, secava as lágrimas.

Lonnie parou uma segunda vez para se recompor. Muitos dos peixeiros faziam o mesmo. Alguns eram os jovens citados por Lonnie.

— E estes caras aqui, o que posso dizer? São uns malucos! — Ele esperou até que as risadas parassem. — Não, na verdade são fantásticos. Estes caras são meus irmãos. Apoiamos uns aos outros no trabalho e fora dele. Criamos um mercado de peixes mundialmente famoso que os outros vêem como um exemplo. Vou perder o controle se não parar agora. Obrigado, Jack. Obrigado, caras. Obrigado, Mary Jane. E obrigado a todos vocês que me honraram negociando comigo todos esses anos.

Ele ergueu o punho no ar e gritou:

— Continuem comendo peixe!

Os aplausos continuaram por um longo tempo. Jack, sempre o empreendedor, tomou o microfone e anunciou uma atração especial:

— Na próxima hora, qualquer peixe que comprarem os vendedores vão jogar para Lonnie. Ou, se quiserem, vocês mesmos podem jogar o peixe. Se Lonnie não conseguir agarrar, o peixe é de graça. Mais tarde Lonnie vai autografar as camisetas e bonés do mundialmente famoso Mercado de Peixes Pike Place.

Foi um caos total. Parecia que todos na multidão queriam jogar um peixe. Depois de uma hora, as vendas somaram uma fortuna, mas nenhum peixe saiu de graça. Afinal, Lonnie era um profissional na arte de agarrar peixes. A fila para os autógrafos das camisetas e dos bonés se estendia até a Primeira Avenida.

Mary Jane decidiu que essa seria uma boa hora e foi se preparar para a segunda reunião do conselho familiar que estava marcada para o domingo à noite. O fiel diário multiuso estava em sua bolsa de compras, e ela dirigiu-se ao café a uma quadra dali.

Um encontro-surpresa com Janell

Enquanto Mary Jane abria seu caminho através da multidão e seguia rua abaixo, percebeu que alguém estava a meio passo atrás dela. Virou-se e viu Janell se aproximando até alcançá-la quando já estavam na entrada do café.

Mary Jane recuou e saiu do caminho para que um grupo de turistas pudesse tirar uma foto em frente ao café e então deu um grande abraço em Janell.

— Eu não a tinha visto até um segundo atrás, Janell.

— Como se fosse possível ver alguém naquela multidão. Foi uma cerimônia comovente, não acha?

— Muito comovente. Mesmo assim, acho que Lonnie está pronto para mudar. E eu vou gostar de ficar de mãos dadas com um homem que não tem os cortes e machucados de quem fica agarrando peixes voadores. Nós chegarmos aqui juntas é uma coincidência?

— Imaginei que você estivesse a fim de companhia. Sabe, alguém para compartilhar os problemas. Quando conversamos ontem, fiquei pensando em como estava agradecida por tudo o que fez por mim. Você enxergou algo em mim que nem eu via, e minha vida ficou muito melhor desde então. Por isso decidi ajudá-la. Aposto que está com seu diário na bolsa e pensou em escrever enquanto toma café. Se preferir ficar sozinha, me diga.

— Você é um amor e me conhece muito bem. Vamos pegar café e procurar um lugar para sentarmos. O diário pode esperar.

Como não havia lugar vazio, elas levaram os expressos com leite desnatado (pouca espuma, por favor, uma dose extra e bem quente) para o outro lado da rua à procura de um banco no parque, que estava surpreendentemente vazio. Escolheram um banco ao sol, de frente para a zona portuária.

— Quer falar sobre o que não quis dizer na frente do melhor amigo de Lonnie?

— Você percebeu, não é? Sim. Acho que me ajudaria muito dizer em voz alta certas coisas que estão na minha cabeça. Com tudo o que está acontecendo, é como se eu e Lonnie compartilhássemos uma casa, mas não uma vida. Nós nos casamos porque adorávamos estar um com o outro e agora mal nos vemos. Janell, só quero um pouco mais de alegria na vida. Será que estou sendo egoísta?

— Você não sabe que todos os casais jovens passam por esse período de adaptação? Uma ou duas carreiras, filhos, igreja, interesses externos, pais idosos, ginástica, educação e todo o resto de sua vida é coisa à beça.

— Obrigada, Janell, mas eu não faço parte de um casal jovem. Nos casamos há pouco tempo, é verdade, mas não somos mais crianças. E preferia que não tivesse mencionado ginástica. Ela despencou da minha lista de prioridades há meses. Simplesmente não havia tempo para tudo. E quando a ginástica despencou, uma série de outras coisas despencou também.

Janell deu uma risadinha.

— Sim, você mencionou isso no outro dia.

— Ah, vamos lá, Janell, você podia ser uma modelo. Você só deve comer cenoura, nada mais.

— Como eu disse, adoraria poder dizer a você tudo o que é necessário para impedir as coisas de crescerem ou despencarem quando você quiser. Imagino que tudo o que eu disser vai lhe parecer familiar. Mas neste momento quero saber exatamente o que a está fazendo tão infeliz. Sim, você está ocupada, mas algumas coisas fantásticas estão acontecendo em sua vida.

— Vou contar uma história que vai deixar isso mais claro. Quando perdi Ken tão de repente, me vi sozinha com dois filhos e tive de superar uma situação instável na First Guarantee, percebi claramente que tudo pode mudar em um segundo. Prometi a mim mesma viver a vida. Gosto de pensar que isso foi um presente, uma semente de esperança deixada pelo meu marido. Mas minha vida acelerou e eu estou perdendo essa esperança. Na verdade, nem tenho mais certeza o que significa viver a vida. Será que é fazer um monte de coisas ou estar concentrada nas mais importantes? Às vezes, parece que passo a maior parte da minha vida em casa, e sinto que eu e Lonnie escolhemos seguir a lei do menor esforço, sem sequer nos perguntarmos o que realmente queremos. E não sei exatamente o que devo fazer. Tudo o que temos de encarar parece tão importante.

— Você e Lonnie já conversaram a respeito?

— Bem, eu quase explodi na noite da festa dele e me senti culpada mais tarde. Combinamos de continuar a conversar outra hora, mas ainda não tivemos tempo. Parece que nunca temos um momento livre para conversarmos.

— Quando a vida parece fora de controle, prefiro me concentrar num determinado assunto. Existe algo que precise de atenção agora?

— Mamãe. Como vou respeitar a independência dela e, ao mesmo tempo, lidar com o fato de que já não é mais, capaz de dirigir e pode ser que nem sempre se lembre de tomar os remédios?

— O que você pretende fazer?

— Eu gostaria que ela se mudasse lá para casa. É o meu sonho. E preciso convencê-la de que a queremos, e ao mesmo tempo respeitar o direito dela de controlar sua vida. Vamos ter um segundo conselho familiar sobre a vovó e algumas idéias viriam a calhar.

— Acho que este seria um ótimo assunto para se abordar usando a Filosofia Peixe!

Mary Jane olhou para a amiga e sorriu.

— Você realmente é a melhor amiga do mundo. A idéia estava tão perto que não a vi. É o que vamos fazer. Vamos usar a Filosofia Peixe! para orientar a discussão. Dessa forma as crianças vão poder participar totalmente.

— Isso parece uma idéia legal, Mary Jane. Vou deixá-la voltar para o seu diário agora. Ainda tenho umas coisas a fazer hoje.

— Foi muito legal de sua parte me procurar, Janell, e sua ajuda tem sido *tão* boa. Mande um beijo ao Jimmy. Tchau.

Anotações no diário

Mary Jane atravessou a rua para mais uma xícara de café e quando voltou ao parque o banco estava ocupado. Então, acabou sentando no beiral do chafariz.

Abriu o diário e criou um novo título em destaque. Então, adicionou alguns itens embaixo. Relaxando um pouco, pensou sobre o que tinha escrito.

PEIXE! PARA A VIDA INTEIRA

- *Vovó*
- *Casamento*
- *Criar os filhos*
- *Amigos*
- *Perder peso*

Fechando os olhos por um momento, enxergou um caleidoscópio de cores e formas criadas pelo sol batendo intensamente nas suas pálpebras. *E agora?*, pensou. Abriu os olhos e procurou a parte do diário onde escrevera frases espirituosas e citações. E lá estavam as primeiras linhas de um poema de Mary Oliver chamado "A jornada". Eram palavras que carregavam o conhecimento de uma vida inteira:

> Um dia você finalmente soube
> o que tinha de fazer, e começou.

Aquelas linhas diziam tudo. "Um dia você finalmente soube/o que tinha de fazer, e começou." E começou... Bem, eu sei o que preciso fazer. É hora de começar.

O segundo conselho familiar

A família tinha se reunido no escritório do sótão e todas as quatro escrivaninhas estavam ocupadas. Mary Jane olhou para as crianças e disse:

— Vamos conversar sobre a Filosofia Peixe! Eu acho que ela pode ser bem útil ao pensarmos em como devemos receber a vovó e fazer com que ela se sinta bem aqui.

— Legal. É aquilo que você e Lonnie usam no trabalho, certo?

— É sim, Brad. Lonnie me ensinou a Filosofia Peixe! e eu a levei para o trabalho. Eu me lembro muito bem da sua primeira visita ao mercado. Você se lembra?

— Sim, eu ajudei Lonnie no trabalho. Nós nos divertimos.

— Eu também me lembro — acrescentou Sarah. — Um peixe me mordeu.

— Não mordeu, não.

— Mordeu, sim.

— Mordeu, não.

— Chega, meninos. Sarah, eu não acho que o peixe tenha mordido você. Acho que você se assustou quando a boca dele se mexeu.

— Era isso que eu estava querendo dizer, mamãe.

— Nós vamos ficar jogando peixes para a vovó?

— Escutem só, eu e Lonnie vamos explicar a vocês dois as quatro partes da Filosofia Peixe!, e nós poderemos todos discutir como receber a vovó.

BRINQUE

"Como vamos transformar isso numa coisa divertida? Brincar é o primeiro ingrediente da Filosofia Peixe! Significa ser alegre, brincalhão e divertido. É uma forma de transformar o usual e rotineiro em algo mais interessante e envolvente ao nos divertirmos com o que quer que estejamos fazendo."

Brinque: Leve a alegria para onde quer que vá

No começo de uma jornada Peixe!, a brincadeira pode ser algo tão simples como acrescentar um pouco de diversão à rotina diária. Depois de um tempo, você aprende que a agradável energia produzida por eventos especiais pode ser uma opção de atitude a qualquer momento. Pergunte a si mesmo:

- Como posso me tornar um instrumento de alegria?
- Será que tenho um sorriso no coração que é percebido em minha voz?
- Será que exploro todas as maneiras de levar diversão para uma tarefa que normalmente não é divertida?
- Será que tenho optado pela brincadeira?

— Mamãe.

— O que é, Sarah?

— O que é "losofia"?

— É uma palavra grande, não é? O nome é fi-lo-so-fi-a.

— Filosofia?

— Sim, e a Filosofia Peixe! é uma maneira de lidarmos com a vida. Então, vamos fazer de conta que você está fazendo algo que preferia não estar fazendo.

— Como lavar os pratos ou arrumar meu quarto?

— Isso mesmo. Lembra-se daquela vez que a lava-louças estava quebrada e nós lavamos os pratos juntas inventando charadas e tentando enganar uma a outra?

— Sim. Foi divertido.

— E nós lavamos os pratos?

— Ficaram limpinhos porque não queríamos parar de lavar.

— Nós pegamos uma tarefa que normalmente não gostamos e a tornamos divertida pelo jeito como a fizemos. Isso é a Filosofia Peixe! na prática. E a primeira parte da filosofia é *Brincar*. Então a pergunta é: como podemos fazer com que receber a vovó em nossa casa seja algo alegre e divertido? Ela estará abrindo mão de sua independência e talvez sinta medo ou tenha algumas dúvidas.

— Quer dizer que quando eu brinco com as minhas bonecas é uma filosofia? Eu brinco o tempo todo, mamãe. Não é o que todas as crianças fazem?

— É sim. E isso significa que brincar é parte importante da vida. Às vezes, os adultos se esquecem de brincar. As crianças sabem como brincar.

— E como podemos brincar?

— Vovó pode brincar com as minhas bonecas quando quiser — ofereceu Sarah.

— Você acha que vovó vai querer brincar de pega-pega?

— Não tenho certeza, Brad, mas ela gostaria de ser convidada.

— Sei que ela gosta de jogar cartas também. Nós jogamos o tempo todo.

— Ótimo. Que outras coisas poderíamos fazer para tornar a mudança dela para cá algo divertido?

— Podíamos brincar de esconde-esconde — sugeriu Sarah.

— Ah, com certeza — acrescentou o irmão maior. — E por que não brincar de pregar o rabo no burro?

Lonnie disse:

— Vamos pensar na idéia de Sarah por um minuto. Eu tenho uma idéia do tipo "esconde-esconde". Acho que todos concordamos que a vovó só precisa saber que é bem-vinda em nossa casa. Sabemos também que se a convencermos disso, ela vai concordar em se mudar. Mas não temos certeza e precisamos respeitar a necessidade que ela tem de controlar sua vida. Como poderíamos transformar a idéia da mudança numa surpresa divertida e, ainda assim, respeitar o direito de vovó de controlar sua vida?

— Ela gosta muito do Jardim Zoológico — disse Sarah. — Eu sei porque ela sempre me leva lá. Nós podíamos dizer a ela que a estamos levando lá e trazê-la para cá.

— E podíamos ter algumas das coisas dela preparadas para ela se mudar, arrumadas como ela gosta — acrescentou Mary Jane. — Só precisamos fazer com que ela saiba que estamos dispostos a levar as coisas dela de volta para o seu apartamento se for preciso. Seria uma prova do nosso compromisso com a idéia de recebê-la.

— E podíamos pendurar balões de gás e preparar a comida preferida dela — sugeriu Brad.

Lonnie estava olhando para o teto e pensando:

— Um de nós vai ter de levá-la de carro a todos os lados aonde queira. Quantas vezes ela vai ao cabeleireiro?

Mary Jane pensou por um minuto.

— Não tantas vezes e sem muita regularidade. Ela não gosta de gastar consigo mesma.

Lonnie disse:

— E então?

ALEGRE O DIA DELES

Mary Jane parecia desconcertada, mas Brad pegou o espírito da coisa e disse:

— Nós podemos dar para ela aquele negócio de cabelo.

Lonnie sorriu.

— Também não sei o nome daquilo, Brad. "Aquele negócio de cabelo" vai ter que bastar por enquanto. A segunda parte da Filosofia Peixe! é *Alegrar o dia deles*, o que significa melhorar a vida das pessoas fazendo coisas especiais ou de maneira especial. Como poderíamos transformar aquele negócio de cabelo em algo especial?

Mary Jane olhou para Lonnie e Brad, que estavam sorrindo.

— O nome daquilo é permanente e nós podíamos levá-la a um salão de cabeleireiro onde ela faria a permanente e seria paparicada também.

— Podíamos sim, querida. E enquanto estivesse lá, nós poderíamos trazer algumas das coisas dela para o quarto de hóspedes. Então, pensamos num motivo para dar uma parada aqui, em vez de levá-la de volta a seu apartamento. Vamos surpreendê-la com uma carinhosa recepção de boas-vindas e a mobília vai comprovar que realmente queremos que fique.

— Mas não podemos trazer muitas coisas. Acho que existe uma linha muito tênue entre sentir-se querida e sentir-se prisioneira.

— Tem razão. Talvez apenas algo simbólico, como seu divã preferido.

— Isso mesmo! — disse Mary Jane com uma voz reanimada. — Com apenas um móvel vai ser possível comprovar a intenção, sem exageros. Então, nós a surpreendemos com o presente do tratamento de beleza e depois a surpreendemos de novo trazendo-a aqui. O que vocês acham da idéia, crianças?

Sarah sorriu.

— Acho que isso vai *apertar* o dia dela.

— Alegrar o dia dela, burra.

— Foi o que eu disse.

Mary Jane ergueu a mão.

— Esperem um momento. Quando adotamos uma filosofia de vida, é para toda a vida. Estamos falando sobre a vovó, mas somos uma família trabalhando junta e apoiando uns aos outros. Brad, o que disse a Sarah não alegrou o dia dela. Chamar alguém de burro não alegra o dia de ninguém.

Lonnie estava balançando a cabeça e fitando Brad com seriedade.

Brad olhou para os pés.

— Eu sei. Nunca devemos dizer "burro".

— Isso é um bom começo, Brad — acrescentou Lonnie. — Mas a Filosofia Peixe! não é feita só de regras. Quando você abraça uma filosofia, você tenta usá-la com todo mundo a seu redor. Se você usá-la com Sarah, é mais provável que a use com a vovó. A Filosofia Peixe! é algo que você pode e deve usar com todo mundo.

— Desculpe, Sarah. Eu não acho que você seja mesmo burra. Você é bem esperta para uma menina.

— Brad!

— O quê?

— Pense sobre o que acabou de dizer.

— Ah! Cara, esse negócio de Filosofia Peixe! é difícil, mamãe. Desculpe, Sarah. Eu acho que você é esperta. Acho mesmo. Eu digo aos meus amigos que tenho uma irmã esperta. Eles implicam comigo por causa disso, mas eu tenho orgulho.

— Está bem, Brad. Não exagere. Acho que você entende que isso tem que ser sincero também.

— Mas é verdade, mamãe. Eu falo bem de Sarah o tempo todo. Mas nunca quando ela está por perto.

— O que você acabou de dizer, Brad, é um grande exemplo de como alegrar o dia de alguém. E se quer saber o resultado, olhe para sua irmã.

Sarah estava sorrindo de orelha a orelha.

— É difícil a gente se lembrar o tempo todo, Brad, mas, quanto mais você pratica, mais fácil fica. Só precisa ter em mente que está tentando fazer do mundo um lugar melhor para se viver através da maneira como trata as pessoas, e que está tentando fazer desta casa um lugar melhor para se viver através da maneira como trata Sarah.

— E está tentando fazer da sua escola um lugar melhor através da maneira como trata seus colegas e professores — acrescentou Lonnie.

— Está bem, Lonnie. Está bem, mamãe. Vou tentar.

Alegrar o dia deles: Às vezes você consegue alegrar o dia de alguém simplesmente através da forma como o trata

Os peixeiros têm como objetivo tratar os fregueses de forma que deixem marcas, sensações boas e histórias que possam levar e compartilhar após partirem. É possível alegrar o dia de alguém simplesmente com a maneira como você a trata, de um ser humano a outro.

- Vou alegrar o dia de quem hoje?
- Como levar minha vida hoje de forma a servir de modelo para outros?

- Será que desfrutei a sensação prazerosa que gerei ao ajudar outra pessoa?
- Será que estou receptivo para que alguém alegre o meu dia?

FAÇA-SE PRESENTE

Mary Jane deu uma olhada no diário aberto em seu colo e disse:

— A terceira parte da Filosofia Peixe! é *Fazer-se presente.* Isso significa escutar de verdade as pessoas e fazer uma coisa de cada vez. Significa não se distrair quando está com alguém. Mostrar-se atento é o primeiro passo para qualquer conversa. Isso vai ser muito importante para a vovó, e se conseguirmos fazê-lo ela saberá que é querida. Vou contar uma história sobre o que vocês fizeram quando eram bebês.

Faça-se presente: Coisas surpreendentes acontecem quando você aprende a estar onde está de verdade. Reunir consciência, corpo e espírito no mesmo espaço é um dom para você e para o mundo

Os caras no mercado dominavam uma das formas mais poderosas de se conectarem com outros seres humanos, de estarem inteiramente presentes, afastando conscientemente todas as distrações.

- Será que estou escutando os familiares e amigos com o propósito único de ouvir o que eles têm a dizer?
- Será que dou total atenção a todos?
- Será que imponho restrições a interrupções, como o telefone que toca durante uma refeição com a família?
- Será que me lembrei hoje de como é boa a sensação de ser ouvido?

— Se eu os estivesse segurando, conversando com vocês, e algum conhecido me chamasse, no mercado, por exemplo, e eu voltasse minha atenção para essa pessoa, sabe o que vocês faziam? Pegavam minhas bochechas e me obrigavam a olhar de volta para vocês. Queriam que eu continuasse "me fazendo presente" para vocês. Desde muito pequenos vocês tinham consciência de que alguém tinha deixado de se fazer presente. Não é uma sensação boa perceber que alguém deixa de estar presente. Como podemos nos fazer presentes com a vovó?

— Ela pode ler histórias para mim e eu posso prestar atenção — disse Sarah.

— Ela gosta quando eu sento com ela, em vez de falar com ela de pé — disse Brad.

— Como é isso, Brad?

— Bom, quando visitávamos a vovó e ela estava sentada naquela sua cadeira preferida, eu costumava entrar, ficar de pé perto dela e dizer bom-dia. Ela colocava sua mão na minha e era como se estivesse me puxando. Um dia eu me sentei com ela e foi diferente. Então, agora me sento, mesmo quando a visita vai ser curta. Acho que ela gosta assim.

Lonnie inclinou-se para trás e sorriu.

— Vocês são crianças fantásticas. Acho que seriam ótimos peixeiros. — Brad estava sorrindo e Sarah deu uma risadinha. — No Pike Place, a pior coisa que se pode fazer a um freguês é estar distraído ao falar com ele. Isso arruína a experiência deles do mercado.

— E enquanto nós fazemos tudo isso, que vamos fazer, que atitudes devemos escolher?

ESCOLHA SUA ATITUDE

— O que é uma atitude, mamãe?

— Uma atitude é a forma como você está sendo do lado de fora. Temos palavras que usamos para descrever como alguém está sendo do lado de fora. Normalmente, somos os mesmos por dentro e por fora. Mas, às vezes, não somos. Chamamos o que está do lado de dentro de "sentimento" e o que está do lado de fora de "atitude". Vamos acabar discutindo a diferença entre sentimentos e atitudes em breve, mas, por enquanto, vamos nos concentrar no lado de fora, nas atitudes.

"Quando falamos sobre uma atitude, ou sobre o que vemos no lado de fora das pessoas, usamos algumas palavras. Dizemos que elas são felizes, mal-humoradas, positivas, negativas, carinhosas, zangadas, amargas, pacientes, tolas ou brincalhonas. Quando alguém está sempre falando sobre o que está errado, dizemos que essa pessoa tem uma atitude negativa. Quando alguém é como Lonnie, sempre vendo o lado bom das coisas e encontrando saídas, dizemos que tem uma atitude positiva. Buscar ver sempre o melhor lado de uma situação é chamado de atitude positiva. Vamos falar sobre as atitudes que devemos escolher quando estivermos junto da vovó. Quais seriam algumas boas atitudes?

— Alegre — sugeriu Sarah.

— Paciente — acrescentou Mary Jane.

— Amigo — disse Brad.

— Prestativa — disse Mary Jane.

Escolha sua atitude: A sua atitude neste momento é você quem escolhe. Escolha como se a qualidade da sua vida dependesse disso, pois, na verdade, depende, a cada momento

Os peixeiros vêm ao trabalho todos os dias discutindo as atitudes que têm escolhido. Eles sabem que têm o poder de optar e esse poder energiza tudo o que fazem.

- Que atitudes estou escolhendo neste momento?
- Será que devo mudar alguma das minhas atitudes atuais ou devo permancer como sou?
- Que atitudes gostaria de ter com mais freqüência?
- Que atitudes quero evitar?
- Será que tenho consciência de que não tenho controle sobre os sentimentos, que podem vir à tona a qualquer momento, sem aviso, mas ainda assim posso controlar as atitudes?
- Será que tenho consciência de que a escolha de uma atitude pode influenciar sentimentos futuros?

Todos olharam para Lonnie, esperando a atitude dele.

— Grato. Estou grato por poder ajudar alguém que tem sido tão importante para a minha família. Eu quero que a vovó veja isso em minha atitude. Ela se mudou para cá para ficar mais perto de vocês dois e de sua mãe quando seu pai morreu. Um gesto carinhoso e generoso. Quero que a vovó saiba que estou grato por poder recebê-la em nossa casa. E se ela decidir que prefere morar em outro lugar, estarei grato e disposto a ajudá-la a conseguir isso.

O conselho familiar continuou a discutir atitudes por algum tempo. A lista ficou bastante longa e Sarah queria que soletrassem cada atitude para que pudesse anotá-las em letras maiúsculas enormes.

Mary Jane olhou para Sara e pensou: *Aqui estamos nós conversando sobre a Filosofia Peixe! como uma família e todos estão contribuindo. Por que levei tanto tempo para enxergar essa possibilidade? Sarah está até mesmo fazendo uma lista de atitudes.*

No final da reunião, o conselho familiar tinha não somente elaborado uma lista de atitudes, mas também proposto um plano para surpreender a vovó e mostrar-lhe através de ações o quanto a queriam em casa.

Marcariam uma hora num salão de beleza para a vovó. Enquanto ela estivesse lá, levariam um móvel dela para o quarto de hóspedes. Então, Lonnie iria pegá-la e a primeira parada seria no seu novo quarto, que estaria cheio de balões e de pessoas da família; a segunda parada seria o jantar, onde discutiriam o que mais ela escolheria trazer caso resolvesse ficar. Eles terminariam o dia transportando as coisas essenciais, e, se tudo desse certo, todos dormiriam no Queen Anne Hill aquela noite.

— Acho que nossa atitude está um pouco sonolenta. Estou certo? — perguntou Lonnie. Todos sorriram e a rotina da hora de dormir começou.

Mary Jane refletiu sobre a última meia hora e a mudança em Brad. *Meu garotinho já não é mais tão pequeno. Ele parece estar carregando algo pesado esta noite. Preciso encontrar algum tempo para ele. Não. Preciso me fazer presente agora.*

— Lonnie, vou ver se está tudo bem com Brad antes de ir para a cama.

— Você também notou? Ele ficou mais calado com o passar da discussão. Com algo sério na cabeça.

Mary Jane foi ao quarto de Brad.

— Boa-noite, Brad.

— Boa-noite, mamãe. Foi divertido.

— Você ficou meio calado no final. Tem alguma coisa chateando você?

— Eu só estava pensando sobre a escola. Você sempre diz como é importante fazer o melhor possível na escola, mas às vezes eu simplesmente não gosto de lá, mamãe.

— Não quer conversar a respeito?

— Mamãe, alguma vez já fez algo só porque não queria ter problemas?

— Já sim. Conheço bem essa sensação.

— Tem um garoto lá na escola que tem um comportamento esquisito e os outros garotos caçoam dele. Isso me chateia, mas não faço nada. E ignoro o garoto embora ele não tenha feito nada de errado; é o jeito que ele é. Aquela história de atitude me fez lembrar dele, só isso.

— Brad, você está pensando de uma forma muito crescida e madura. Tenho orgulho de você por isso.

— O que você acha que eu devo fazer, mamãe?

— Gostaria de dizer o que deve fazer, mas não posso. Você tem que decidir o que é certo. Mas posso dizer a você que houve épocas em minha vida em que fazer o certo era assustador porque eu não sabia qual seria a reação dos outros. Procure pensar sobre o que conversamos esta noite, isto pode lhe dar algumas idéias.

— Obrigado, mamãe.

— Boa-noite, Brad. Eu amo você.

Mary Jane foi ao banheiro se preparar para dormir.

— Em que está pensando?

— Oh, Lonnie. Você me assustou.

— Eu estava pensando sobre como a vida de um pré-adolescente pode ser difícil. E estava pensando sobre um plano engenhoso para surpreender a mamãe. Se a tivéssemos envolvido na discussão, ela passaria a pensar e se preocupar com isso até o dia da mudança, se essa fosse a decisão. Agora mamãe vai poder evitar grande parte da ansiedade de tentar encontrar soluções para tudo com antecedência. Eu, realmente, acho que essa é uma boa abordagem.

— Você acha que ela vai concordar em se mudar?

— Espero que sim, Lonnie.

— Agora seria uma boa hora para continuarmos aquela conversa, conforme combinamos? — perguntou Lonnie sentado na beirada da velha banheira vitoriana.

— Sim. Ainda estou desperta e alerta. Falar com Brad me fez voltar ao tempos de pré-adolescente. Esse período pode ser doloroso. Só preciso de um minuto para tirar a maquiagem.

Alguém bateu na porta do banheiro e, quando Lonnie abriu, lá estava Brad.

— Sarah está chorando. Acho que teve um pesadelo.

E assim a conversa foi adiada, de novo.

É fácil reconhecer as conversas sérias, necessárias para se manter um relacionamento.

São aquelas que sempre ficam para um outro dia.

O que vovó vai decidir?

Três semanas se passaram desde o segundo conselho familiar, e hoje é o dia de fazer a surpresa para vovó. Mary Jane olhou para o despertador e pulou da cama. Vestindo o robe, foi até o corredor acordar as crianças.

— Hora de levantar, Brad. Hora de levantar... — Mary Jane abriu a porta de Sarah e a encontrou na beirada da cama, totalmente vestida. — Sarah, há quanto tempo está acordada?

— Oi, mamãe. Eu não consegui dormir. Estava pensando na vovó. Tenho uma atitude alegre sobre isso, mamãe.

Mary Jane sentou-se ao lado de Sarah na cama e pôs o braço ao redor da filha, tocando seu rosto.

— Oh, Sarah. Você é tão meiga e tão cheia de atitudes!

E elas ficaram lá, sentadas curtindo o momento. Então, Mary Jane quebrou o silêncio:

— Fico feliz que esteja acordada. Eu estava precisando de uma ajuda na cozinha. Vamos deixar o papai dormir e chamar o Brad de novo. Por que não chama o Brad e desce para me ajudar?

— Já estou me levantando. Já estou me levantando. Fica calma e vá embora.

— Mamãe me pediu para fazer isso, Brad! E hoje é o dia que vovó se muda para cá.

— Hoje? Já é sábado? Vou me levantar agora. Juro.

Quando Sarah chegou na cozinha, a mesa estava posta e quatro caixas de cereal estavam em seus lugares.

— Seu irmão já se levantou?

— Ele disse que está se levantando. Acho que ele pensou que era dia de aula.

— Bom-dia, minhas belas damas.

— Fiz muito barulho, querido?

— Eu já estava acordado. A que horas eu pego mamãe e a levo ao salão de beleza?

— Você devia sair às oito, isto significa que podemos curtir o café da manhã por 20 minutos. Um luxo, não?

Mary Jane tinha marcado uma manhã inteira no salão, um pacote que incluía massagem, cabelo e unhas. E até mesmo um almoço leve. Isso lhes daria quatro horas para transportar um móvel do apartamento de vovó para o que, se tudo corresse bem, seria seu novo quarto. Dois Homens e um Caminhão, uma transportadora de confiança, estava a postos caso fosse necessário mais tarde naquele dia. Mary Jane entregou a Lonnie o planejamento que imprimira num cartão.

— Você trabalhou para a Nasa antes de nos conhecermos? Isso é fantástico. — Brad desceu com o cabelo molhado quando Lonnie estava de saída para o carro. — Oi, garotão. Vejo você na casa da vovó depois que a deixar no salão.

Às 12h30 eles já tinham levado a cabeceira da cama da vovó para o quarto de hóspedes, colocando-a de tal forma que a localização da cama podia ser vista. O quarto estava parecendo ótimo quando Lonnie ia sair de novo.

— Adoro balões de gás. Espero que dê certo. Devo estar de volta com vovó daqui a uns 50 minutos. Cruzem os dedos.

Lonnie chegou na recepção do salão de beleza bem na hora.

— Estou aqui para me encontrar com a sra. Ida Gómez.

— Ela deve estar no pátio acabando de almoçar. Vou dizer que está aqui.

Lonnie estava se acomodando com o único material de leitura, a revista *O, the Oprah Magazine*, da apresentadora da tevê norte-americana Oprah Winfrey, quando vovó chegou à sala de espera.

Lonnie notou o cabelo dela.

— Você está fabulosa!

— Isso foi tão gentil de sua parte e de Mary Jane. Que delícia! Até almoço nós tivemos.

— Fantástico. Gostaria de passar lá em casa e mostrar-lhe algo e depois a levo para casa, se concordar.

— Ah, claro. Será que vou poder ver Mary Jane e as crianças?

— Pode apostar.

— Bom, então vamos.

— E ela segurou o braço de Lonnie enquanto seguiam em direção ao carro.

Lonnie abriu a porta da frente e deixou vovó entrar na frente num quarto cheio de balões.

— Uma festa?

— Surpresa! — Mary Jane, Brad e Sarah pularam para fora dos seus esconderijos individuais segurando buquês de rosas com renda branca.

— Surpresa!

— Surpresa!

Vovó parecia meio confusa, pois sabia perfeitamente bem que não era seu aniversário.

— O quê? O que está acontecendo?

Mary Jane e Sarah pegaram as mãos da vovó e a conduziram pelo corredor até o quarto de hóspedes do primeiro andar. Quando entraram no quarto as flores foram imediatamente colocadas em três vasos e vovó olhou boquiaberta a cabeceira de sua cama.

— Aquela é minha cabeceira.

Sarah disse:

— Vovó, a gente esperava que você gostasse tanto do jeito que ela fica neste quarto que quisesse trazer o restante das suas coisas. Gostaríamos que morasse conosco, vovó.

— Ah, minha nossa. Vocês realmente querem que eu me mude para cá. Eu sempre pensei... — E vovó perdeu a compostura por um momento.

Sarah estava certa. Vovó só precisava saber que era realmente querida para esquecer seu apartamento, que pareceu sumir naquele momento e nunca mais foi mencionado. Ela estava agora em sua nova casa. A adaptação levou 30 segundos.

Na verdade, ela nem quis fazer a viagem de volta "àquele apartamento velho", então, depois do café com bolinhos, todos, exceto Sarah e a vovó, foram encontrar-se com a equipe da Dois Homens e um Caminhão.

Sarah conta para vovó sobre a Filosofia Peixe!

— Você quer ver o que estou fazendo lá em cima? Eu tenho uma filosofia.

— Você tem o quê, minha querida?

— Uma filosofia. A Filosofia Peixe!

— Ah, uma filosofia? Mas sete anos é idade suficiente para se ter uma filosofia?

— Ah, vovó. Nossa família inteira tem uma filosofia. Vou mostrar. — E caminharam de mãos dadas até o escritório.

— Podemos dividir minha escrivaninha até você ter a sua, vovó. Nós não tínhamos pensado nisso.

— Fico feliz em dividir sua escrivaninha, Sarah. Agora, me conte sobre essa tal Filosofia Peixe!

— Bom, mamãe e papai a usam no trabalho. Significa que você se diverte, e isso é fácil para as crianças. Você faz coisas legais pelas pessoas. Você presta muita atenção quando alguém está falando e você escolhe uma atitude. Eu acho que a parte da atitude é a mais difícil. Olhe só o que estou fazendo para não me esquecer de escolher minha atitude.

Ida olhou para a tampa da escrivaninha coberta com palavras escritas uma de cada vez em círculos de papel. Num lado da escrivaninha estavam "alegre", "positiva", "amorosa", "prestativa", "carinhosa", "amigável" e muitas outras palavras positivas. E no outro lado estava um grupo pequeno de palavras que incluía "mal-humorada", "zangada" e "fresca com comida".

— Escrevi estas palavras quando conversamos sobre atitudes. Estou fazendo crachás de atitudes. Você pega uma destas atitudes, prende na roupa com um alfinete de fralda e pode usá-la. Você quer que eu faça uma para você, vovó?

— Mas é claro, minha querida.

— Que atitude quer usar?

— Você tem "orgulhosa" aí?

— Não tenho certeza. Você viu em algum lugar? Por que está chorando, vovó? Você quer um com a palavra "triste" também?

— Não estou triste, Sarah. Minhas lágrimas são de alegria. Estou muito orgulhosa de você e quero usar o crachá que diga isso.

— Você vai me ajudar a colocar o alfinete de fraldas? "Orgulhosa" vai ser meu primeiro crachá completo.

— É claro. Cadê o material. Agora, que crachá vamos fazer para você?

— "Não implicante."

— Ah.

— É sim. Mamãe me disse que às vezes eu implico com o Brad. Fico zangada quando ele fala mal de mim e acho que implico com ele de propósito. Por isso, eu quero um crachá de "Não implicante".

— Acho que você vai ter de fazer um novo. Não consigo achá-lo aqui.

— Implicante se escreve com "i"?

As duas continuaram trabalhando até ouvirem a porta se abrir lá embaixo.

— Olá! — chamou Mary Jane.

— Estamos aqui em cima, mamãe — respondeu Sarah.

— Estamos aqui em cima, querida — gritou vovó Ida.

Todos se reuniram no andar de cima e Sarah explicou-lhes o projeto. Brad pareceu desconfiado com o crachá "Não implicante", mas continuou tranqüilo e, após pensar bastante, escolheu "Prestativo". Mary Jane escolheu um par de crachás, "Aqui" e "Agora", que reforçariam seu compromisso com o "Fazer-se presente". Isso deixou todos curiosos e Mary Jane teve de explicar.

— Nossa vida está realmente cheia e fomos nós que escolhemos a maioria das coisas que a lotavam até a borda. Enquanto vou trabalhar duro estabelecendo limites melhores e prioridades, quero estar "Aqui e agora" para cada momento da vida que eu tenho. Quero estar inteiramente presente em cada momento e parar de viver no futuro e no passado. Pretendo trazer a Filosofia Peixe! para a vida que eu tenho, não importa o que possa incluir.

Naquela noite, com vovó e as crianças já na cama, Lonnie e Mary Jane puderam reservar algum tempo para uma conversa. Mary Jane disse:

— Ainda não estou a fim de ir para a cama. Será que você ainda tem fôlego para conversar um pouco? Quero retomar aquela nossa conversa que foi adiada.

— É claro, meu bem. Mas primeiro quero dizer como gostei que você escolhesse uma atitude para reforçar o "Fazer-se presente". Os ingredientes da Filosofia Peixe! são muito interligados e sua escolha mostra como você pode usar um ingrediente para fortalecer outro. Isso é muito legal. Acho que eu fazia isso no mercado a maior parte do tempo. Eu não gostava de certas coisas a respeito do mercado e de mim mesmo e queria mudá-las, mas a cada momento eu tentava ser alegre e brincalhão, trazer alguma alegria ao mundo, fazer-me presente para outros seres humanos e escolher minha atitude sabiamente. A combinação fortalece cada um desses aspectos.

"Está certo, vamos conversar. Acho que fizemos um monte de coisas boas hoje e acredito que foi uma experiência muito especial para as crianças também. Ainda estou muito desperto por causa da agitação do dia. Vamos pegar algo para beber e subir para o escritório, onde podemos descansar os olhos vendo as luzes cintilantes de Seatle à noite. Eu tenho algo para perguntar a você antes de entrarmos nos assuntos mais pesados."

A conversa necessária para um casamento forte

Quando já estavam sentados confortavelmente, Lonnie perguntou:

— Será que posso comentar sobre uma questão que preciso resolver antes da nossa conversa? Eu já devo ter mencionado sobre um tal assunto inacabado que precisava de solução, e você deve se lembrar de que Jack disse ter uma surpresa. Pois bem, eu preciso dar uma resposta a ele.

— Claro, meu bem.

— Bom, você não vai acreditar. Jack me pediu para trabalhar no mercado meio expediente nos fins de semana quando tudo já estiver acertado na faculdade e no hospital. Ele disse que me deixa trabalhar dez horas por dia, no sábado e no domingo, pagando 50 por cento a mais. Isso é mais ou menos 60 por cento do meu antigo salário, o que me deixaria livre do crédito estudantil. O que você acha? Eu disse a Jack que conversaria com ele depois de falar com você.

Mary Jane pôs as mãos na cabeça, gemeu alto e permaneceu assim. A temperatura do aposento parecia baixar quanto mais durava o silêncio. Finalmente, Lonnie não agüentou mais e perguntou:

— Ei. Qual o problema, meu bem? Eu disse algo errado? Você está bem?

Com os olhos marejados, ela olhou para Lonnie:

— Eu estou zangada, furiosa, Lonnie, tanto comigo mesma, por ter deixado as coisas irem tão longe, como com você, por não querer algo mais. O simples fato de você cogitar de trabalhar nos fins de semana me diz que estamos em dois lugares diferentes neste casamento. Na alegria e na tristeza, na riqueza e na pobreza, na saúde e na doença, mas não em vidas paralelas. Eu quero ter uma conversa franca sobre nossa vida juntos. Estou zangada e quero falar sobre o que queremos e por que queremos. O que esperamos deste casamento? Será que ele é apenas um grande cofrinho onde depositamos tudo o que podemos mesmo que isso signifique passarmos todo nosso tempo trabalhando? Se é isso, qual a finalidade?

— Não acredito que esteja tão zangada. Imaginei que meu assunto fosse algo pequeno, que eu poderia resolver antes de tocarmos nos assuntos sérios. Acho que, afinal, não era tão pequeno assim. Na verdade, o que me parecia um detalhe é o fato que realmente importa. Mary Jane, você sabe que sempre me sustentei; e graças à minha criação gosto da sensação de segurança que vem quando tenho dinheiro no bolso e nenhuma dívida. Não foi fácil deixar o sustento da casa em suas mãos, mas foi a coisa sensata a fazer. Afinal, você ganha mais e sabe mais sobre finanças. Mas sempre foi uma sensação esquisita. Você sabe, não muito digna de um homem. Não. Mais como algo fora de controle.

"Imaginei que você ficaria feliz por eu ter encontrado um jeito de não precisar pedir dinheiro emprestado e continuar a contribuir para as nossas despesas.

"Isso pode parecer estranho, mas nunca pensei no nosso relacionamento como algo que pudéssemos criar. Para mim, vivemos num mundo que impõe o que devemos fazer e tirarmos o máximo proveito disso. Mas não me sentia assim no mercado, então não tenho certeza por que penso isso aqui. No mercado eu sabia que podíamos criar algo extraordinário, e foi o que fizemos.

"Olha, Mary Jane, se precisarmos nos endividar para ter uma vida juntos, então vou tentar controlar meus medos. Mas quero que entenda a seriedade desses medos, e me escute bem. Quando mendigos andam pelo mercado, eu me vejo no rosto deles. Eu poderia ter me transformado num deles. Não estou exagerando. Poderia mesmo: estive bem perto."

Mary Jane pensou bem antes de responder:

— Eu amo você, Lonnie, adoro estar com você. Adoro o jeito como trata as crianças. Elas aprendem tanto com você! Ainda fico excitada quando vejo você se aproximando pela calçada. Gosto do seu vigor e do seu senso de humor. O tempo que passamos juntos é precioso e especial.

Quando um momento na vida passa, não volta mais. Só quero garantir que escolhemos com consciência o jeito que vivemos nossa vida. Destinando nossa energia a atividades pelas quais optamos, e não apenas ao que nos aparece pela frente. Quero grandes momentos hoje e planos para o futuro. Não quero passar este casamento economizando montes de dinheiro e deixando passar os momentos, para no final descobrir que economizei para uma viuvez opulenta e desperdicei o casamento. O que falo tem a ver com equilíbrio. Tem a ver com proporção e valor. Tem a ver com conversa. Não acho que o mercado teria mantido sua energia se vocês não tivessem compartilhado conversas sinceras uns com os outros. Estou certa?

— Conversávamos o tempo todo, e aprendemos como falar sobre coisas difíceis e assustadoras. Coisas como atitude, motivação e responsabilidade. Também conversávamos sobre habilidade, apresentação e segurança, mas foi o valor humano que nos fez mundialmente famosos — disse ele.

Conversas sérias são responsáveis por plantar as sementes de uma nova safra num relacionamento.

— Será que eu devia adiar a faculdade por algum tempo, Mary Jane, e voltar a trabalhar normalmente durante a semana? Posso conseguir um trabalho de auxiliar de enfermagem com facilidade.

— Não, Lonnie, não é isso que eu quero. Fiquei muito feliz quando você foi aceito naquela faculdade. Ver você se sentindo cada vez mais seguro de si como estudante (detalhe irrelevante) foi maravilhoso e excitante para mim.

— Mary Jane, você fez um pergunta que me deixou intrigado. Perguntou o que estamos construindo com este casamento ou algo assim. Bem, vamos falar sobre isso. Deixamos muitos assuntos pendentes. Você não sabia porque cogitei trabalhar no mercado nos fins de semana e eu não sei por que você está tão envolvida em atividades comunitárias nesta altura da nossa vida juntos. Vamos começar a conversa do começo, como fazemos no mercado. Vamos falar a respeito do que esperamos deste casamento e sobre o que cada um de nós faz para tornar isso realidade. E faremos isso o maior número de vezes possível, começando agora.

— E por onde devemos começar?

— Bom, vamos começar falando sobre dinheiro, e, então, se tivermos tempo, podemos falar sobre sexo.

— Lonnie!

Lonnie sorriu e começou:

— Não seria difícil para mim dizer sim à vida familiar e não aos fins de semana no mercado. Ninguém melhor do que eu e os outros peixeiros sabe como esse trabalho é cansativo. Só pensei em aceitar por necessidade. Pode acreditar. Estou pronto para largar o mercado. Então, vamos falar sobre dinheiro. Como estamos indo? Que negócio é esse de atividades externas?

— Só agora percebo que me envolvi em todas essas atividades e nem perguntei sua opinião. Abracei a expectativa do meu novo trabalho de que eu represente a empresa na comunidade. Eu vou precisar fazer isso, mas tenho bastante flexibilidade. Sinto não ter falado com você a respeito.

— Eu entendo, Mary Jane, mas acho que seu trabalho comunitário e os fins de semana no mercado são atividades muito diferentes. Eu estava empolgado com o dinheiro, não com o trabalho. Estou pronto para mudar, mas acho que representar a First Guarantee na comunidade é mais do que uma questão de dinheiro para você. Acho que tem a ver com crescimento pessoal e profissional. Não estou certo?

— Era assim no início, mas não tenho tanta certeza agora. Acho que eu podia fazer menos e ainda assim aproveitar o crescimento e o desafio. Tem mais a ver com aprender como dizer não às pessoas que lhe pedem para falar sobre seu sucesso ou que se envolva nesta ou naquela causa nobre.

— Está certo. Aparentemente, tem havido muito mal-entendido e acusações circulando por aí. O que vamos fazer agora?

— Gosto da idéia de conversar sobre a nossa expectativa. Só queria que usássemos um vocabulário menos empresarial. Visão, missão, metas, objetivos, valor, tudo que é mensurável, plano, estratégia, exercício; isso me parece uma reunião de trabalho.

— Então, como vamos chamar isso? Como chamar isso que vamos usar para conduzir nossa vida?

— ISSO.

— Sim. Do que vamos chamá-lo?

— ISSO.

— Isso é algum tipo de eco?

— Não, mas está começando a parecer com uma brincadeira de criança.

— Você está querendo chamar isso de ISSO?

— Por que não?

— Que tal nos esforçarmos para manter uma conversa permanente sobre o nosso ISSO e sobre a maneira como estamos vivendo ISSO?

— Parece uma boa idéia. Você começa.

— Certo. Nosso ISSO vai apoiar o crescimento de cada membro da família. Agora você.

— Faremos nossas escolhas entre mais dinheiro e mais tempo juntos conscientes de que não estamos gastando apenas tempo, estamos gastando tempo de vida. E os momentos que temos juntos são maneiras preciosas e valiosas de se gastar vida.

— No nosso ISSO, essa pode ser a cláusula que trata do plano de previdência privada.

— Muito engraçado.

Lonnie e Mary Jane discutiram os ingredientes do ISSO até bem tarde. Nunca tinham conversado tão seriamente sobre alguma coisa e, enquanto falavam, descobriram um forte desejo de construir entre si uma relação muito especial. Para tanto, ambos estavam dispostos a ter todas as conversas que fossem necessárias. Também perceberam a onda de energia que se origina quando finalmente nos sentamos e encaramos as conversas difíceis que são a base de um relacionamento bem-sucedido.

Pouco depois de caírem nos braços um do outro e irem dormir, Mary Jane exclamou:

— Lonnie, estou empolgada! Vamos relacionar numa lista tudo o que queremos em nossa vida juntos. Vamos ser claros sobre tudo aquilo que valorizamos e trazer a Filosofia Peixe! para esses assuntos. E, sabe, talvez a gente não consiga resolver todos os nossos problemas; alguns vão exigir um meio-termo ou soluções que podem não ser nossa primeira opção. Para todas essas coisas e para cada um de nossos momentos, temos nossa arma secreta: a Filosofia Peixe! Sempre podemos tornar a vida melhor com a maneira como escolhemos fazer aquilo de que não podemos escapar.

O que esperamos da vida a dois?

O que estamos criando com a nossa energia de vida a dois?

Lonnie e Mary Jane discutem seu ISSO

Durante os dias e as semanas que se seguiram, Lonnie e Mary Jane discutiram, debateram e aperfeiçoaram seu ISSO até que tivessem uma lista de itens que ambos gostassem.

O nosso ISSO

- Seremos um casal que comete erros, mas sem deixar de lado a intensa comunicação. Nossas finanças, prioridades financeiras e atitudes serão tópicos sobre os quais vamos levar o tempo que for preciso conversando para garantir que está tudo claro. Nunca devemos sacrificar nosso tempo juntos ou o tempo em família por dinheiro sem que o assunto seja discutido, e também nunca devemos imaginar que sabemos o que o outro quer e deseja.
- Vamos trazer a Filosofia Peixe! para nossa vida de forma que mesmo um dia cheio tenha um elemento de diversão; e quando estivermos juntos nos "faremos presentes" um para o outro.
- Nossa relação vai servir de modelo para o queremos que nossos filhos aprendam.

- Vamos valorizar o tempo com vovó Ida como um presente especial e uma oportunidade de ajudar outra pessoa. Devemos ter consciência das importantes lições de vida que nossas crianças podem aprender convivendo com outro membro da família.
- Vamos ajudar no aprendizado, no crescimento e na criatividade um do outro.
- Vamos reconhecer que um estilo de vida saudável sempre vale o esforço.
- Vamos deixar bons frutos com a maneira como criamos nossos filhos.
- As perguntas que nos guiarão são: Será que estamos nos divertindo? Será que estamos ajudando outras pessoas? Será que estamos totalmente abertos ao que a vida nos presenteia, vivendo cada momento? Será que nossa vida está servindo como exemplo do poder que todos temos de escolher nossa atitude?

A cláusula-chave que vai garantir nosso futuro: Enquanto aceitamos e ensinamos aos nossos filhos a importância de nos planejar para o futuro, vamos enfatizar a importância de vivermos cada momento plenamente. Vamos ensinar, por exemplo, que a felicidade não está naquilo que possuímos, mas sim no que oferecemos aos outros. Não é ditada pela cláusula-chave, mas pelo tamanho do nosso coração.

Ao contrário do que diz a sabedoria popular, não podemos ter tudo.

Pelo menos não tudo ao mesmo tempo.

Fazemos escolhas melhores quando elas são guiadas pelo nosso ISSO.

Bom-dia, vida

Era manhã de segunda-feira e Mary Jane cruzava a cidade para pegar os resultados do seu exame médico anual.

— Mary Jane Ramirez, venha comigo, por favor. Você vai ficar na sala de exames número 2.

— Obrigada.

Ela esperou só um minuto até Linda, sua médica, chegar para discutir os resultados. Linda era uma médica que sabia como se "fazer presente". Tinha um consultório cheio, mas nunca parecia ter pressa. Mary Jane respeitava o fato de que ela sempre levava todo o tempo necessário para explicar as coisas e era boa ouvinte.

— Seus exames parecem ótimos, Mary Jane, e acho que sei porque tem estado tão cansada.

— Um casamento novo, dois filhos ainda pequenos, crescimento profissional, conversas que vão até tarde e um emprego ótimo, mas exigente. Talvez eu esteja exagerando. Mas não é o que todos fazemos hoje em dia?

— Acho que sim! Meu filho mais novo me perguntou se eu podia ficar "de plantão" para ele, em vez de para os outros. Acho que isso foi um sinal. Mas eu tenho mais algumas informações que podem explicar porque tem se sentido tão cansada.

— Eu sei. Engordei. E realmente quero fazer algo a respeito.

— Bem, talvez você mesma queira fazer um exame extra.

— Para quê, Linda? Para calcular meu índice de massa corporal? É o que chamam de IMC, certo? Eu já sei que estou com excesso de peso.

— Um teste de gravidez.

— C... como? Você está brincando!

— Não gostou? Preferia falar sobre seu peso?

— Não. Bom, acho que não. Eu e Lonnie gostaríamos de ter um filho juntos, mas deixamos que as coisas seguissem seu rumo naturalmente. Só que nada aconteceu, e paramos de falar a respeito. Já faz mais de um ano que não tocamos no assunto. E não foi só isso que deixamos a vida enxotar das nossas conversas.

— Bem, a natureza teve seu tempo e claramente tomou o curso que deveria. — Pena que um dos meus primeiros pensamentos seja foi que agora tenho uma desculpa para alguns quilinhos a mais.

— Detesto estragar sua animação, mas você não está grávida há dois anos.

— Agradeço pelo lembrete.

— Então, o que vai fazer?

— Uau. Acho que não vou trabalhar hoje. Quero ir para casa e contar a Lonnie antes que vá para a faculdade.

— Parece bom, Mary Jane. Aliás, parabéns.

Lonnie recebe a notícia

Um gigantesco sorriso tomou o rosto de Lonnie e ele gritou:

— Uau! Isso é fantástico! — E logo, *tão* rápido quanto veio o sorriso, ganhou lugar uma expressão de seriedade. — E como você se sente com mais este acréscimo ao nosso ISSO?

Mary Jane ainda estava sob o impacto da excitação de Lonnie:

— Quer dizer que está feliz com o bebê? É mais uma dessas coisas que não temos falado e eu não tinha certeza. Está feliz de verdade?

Lonnie pareceu surpreso:

— Por que a dúvida? Não toco no assunto porque, depois que descobrimos que podíamos ter filhos, não queria que isso se transformasse numa fonte de tensão desnecessária. Oh, Mary Jane. Você não sabia?

— Acho que não, Lonnie. E fico muito feliz com esse nosso esforço mais consciente para conversarmos. Sinto que sei para onde estou indo, Lonnie, por mais estranho que pareça. Tudo isso que ronda nossa vida, o bebê, mamãe, as crianças e a necessidade de pôr comida na mesa e garantir um teto sobre nossa cabeça. Lonnie, acho que se continuarmos a investir tempo em deixar claros nossos sonhos e esperanças para este casamento, será um tempo bem gasto. Quero continuar a discutir e aprimorar nosso ISSO. Que, obviamente, já precisa ser atualizado. Então, vá para a faculdade e curta cada momento que passa lá. Você vem trabalhando com esse objetivo há anos. A que horas você imagina que estará de volta?

— Hoje a carga horária é grande, e não estarei de volta antes das 15h30.

— Então, até lá, querido. Nossa vida mudou de rumo hoje.

— Com certeza. Mas, caindo um pouco na real, quer que eu traga algo para o jantar?

— Não. A geladeira está cheia de sobras e acho melhor parar de comer hambúrgueres e batatas fritas por algum tempo. Venha você para casa. E prometa que vamos continuar conversando um com o outro.

Mary Jane e Lonnie continuaram conversando. Falavam todos os dias de uma forma que nunca tinham falado antes.

Uma conversa franca é o compromisso máximo de um relacionamento.

Um telefonema da professora de Brad

Apenas duas semanas se passaram, mas agora que Mary Jane sabia da gravidez as roupas pareciam bem mais apertadas. *Eu devia dar uma olhada se tenho algumas roupas de gestante no porão ou se preciso fazer compras. Não demora muito e vou precisar delas.*

Era sábado e Lonnie tinha levado vovó Ida e as crianças ao parque. Vovó levou seu equipamento fotográfico e prometeu ensinar às crianças a tirar boas fotos. Elas pareciam empolgadas com a promessa, mas Lonnie estava eufórico. Fotografia era algo que ele sempre quis fazer, mas nunca tinha tempo.

O telefone tocou e Mary Jane atendeu.

— Alô.

— É a mãe de Brad? Sou a professora dele, Millie Johnson. Espero que não se incomode por eu estar ligando no sábado. É bem difícil conseguir falar com a senhora no trabalho.

— A senhora me desculpe o problema.

— Pode me chamar de você, por favor. Na verdade, prefiro ligar nos finais de semana. Isso evita recados na secretária eletrônica.

— Já nos encontramos algumas vezes, mas deve ser difícil decorar a fisionomia de todos os pais.

— Mas de você eu me lembro muito bem, Mary Jane. Isso acontece com os pais cujos filhos se destacam.

— Então, Brad está aprontando de novo? Eu tinha esperança de que o silêncio significava que as coisas haviam melhorado. Você parecia achar que ele tinha um problema de aprendizagem.

— Ah, sim. Na verdade eu havia esquecido isso. Ele parece estar indo bem nas tarefas da escola. De fato, vem demonstrando ótima atitude quando vem à aula. Mas algo realmente extraordinário aconteceu. Ontem ele fez algo maravilhoso.

— O que exatamente ele fez?

— Você sabe que encorajamos a inclusão dos nossos alunos especiais nas classes regulares e este ano temos um menino autista na sala de Brad. Tem sido um desafio. Às vezes, o comportamento de Carr é esquisito e ele não consegue fazer algumas coisas básicas, como amarrar os sapatos. A maioria das crianças o evita, a não ser quando eu intervenho, e acho que isso é compreensível. Alguns zombam dele, o que é inaceitável mas não chega a ser uma surpresa. Fiquei sem saber o que fazer e tem sido estressante. Mas algo inacreditável aconteceu. Carr estava andando com os cadarços desamarrados no pátio e Brad se ofereceu para amarrá-los. Ele amarrou e Carr agitou a mão com um sorriso e deu uns tapinhas nas costas de Brad. Foi um momento tão lindo. Mais tarde, Brad pediu para colocar sua carteira ao lado da de Carr e o tem ajudado desde então. Eles estabeleceram algum tipo de amizade e o comportamento de Carr também mudou. Ele está respondendo com carinho e aprontando menos. Você tem um menino muito bom, Mary Jane, e eu só queria que você soubesse.

— Que gentileza sua ter ligado. Você, com certeza, alegrou meu dia. Eu estava com medo que estivesse ligando por conta de um mau comportamento da Brad.

— E por que ligaria?

— Ah. É mesmo, por quê?

— E, Mary Jane, vou continuar fazendo isso, por isso me desculpe.

— Desculpar por quê? Você me deixou muito feliz, Millie.

— As outras crianças estão seguindo o exemplo de Brad. No começo, algumas delas fizeram comentários, mas seu filho parecia não ligar. Então, a situação mudou e algumas das outras crianças começaram também a fazer amizade com Carr. A sala de aula é um lugar bem melhor agora. Obrigada de novo por criar um menino tão bom. E tenha um ótimo fim de semana.

— Você também.

Mary Jane ligou imediatamente para Lonnie e contou-lhe a boa notícia. Naquela noite, ela foi até o quarto de Brad e ficou ouvindo o filho descrever como o primeiro passo foi difícil, e como foi ótima a sensação de finalmente se aproximar de Carr.

Além do presente do amor incondicional, o maior presente que você pode dar a uma criança é a consciência da sua própria capacidade de escolha.

O problema do peso finalmente abordado

Lonnie e Mary Jane estavam tomando café-da-manhã já tarde. Brad e Sarah tinham saído para a escola havia uma hora e vovó estava num centro para a terceira idade, a duas quadras da sua nova casa. Lonnie não tinha nenhuma aula cedo ou trabalho no hospital e Mary Jane reagiu ao enjôo matinal pedindo para faltar ao trabalho. Então, eles estavam aproveitando a oportunidade para se fazerem presentes um para o outro e conversarem. Estavam vivendo seu ISSO.

— Mary Jane, outro dia você disse algo que me pegou de surpresa. Você notou algumas diferença em mim nos últimos dois meses?

— Você está mais bonito a cada dia.

— Além disso.

— Você tem estado presente quando eu mais preciso de você.

— Obrigado, querida. Você notou a cintura da minha calça dividindo minha barriga ao meio e meu cinto no último furo?

— Não. Realmente não. Tenho plena consciência do peso que ganhei, embora esteja aliviada de saber que um pouco dele pode ser devido à gravidez. Talvez seu corpo esteja se ajustando à perda da vida cheia de energia de um peixeiro. Agora você passa horas sentado em sala de aula, em vez de estar em pé no mercado.

— Pode ser esse o motivo, mas isso é novo para mim e eu não gosto. Ter um bebê a caminho e me dedicar com você ao nosso ISSO me fez pensar sobre saúde. Sempre que conversamos sobre o que consideramos importante, a saúde está bem no alto da lista. Podemos dizer que a saúde está no coração do nosso ISSO. Ambos concordamos que ter saúde é algo que devemos uns aos outros, aos nossos filhos e a nós mesmos. É uma forma de honrarmos esta vida maravilhosa pela qual estamos tão gratos. Certo dia você esteve conversando com Janell sobre uma dieta que deu certo para ela. Acho que ela usou a palavra "peixe". Será que você poderia ligar para ela e descobrir os detalhes? Se ela tem algo que funciona, quero saber a respeito — desde que não seja nenhuma maluquice, claro. É a tal dieta em que a gente só come salmão? Eu não agüentaria todo esse peixe depois de tantos anos convivendo diariamente com eles.

— Não é esse tipo de peixe, bobo. É o nosso tipo de Peixe!

— Então, quero sua ajuda, Mary Jane. Não gosto do cinto apertando a barriga e comprar roupas maiores fará parecer que estou aceitando o fato. Sempre fui magro. Isso é novidade para mim.

— Vou ligar para Janell hoje e perguntar detalhes sobre a dieta. Eu estava querendo aceitar a oferta dela para me ensinar sobre a dieta por minha causa, então, este é um bom momento para ir em frente.

A dieta Peixe!

Janell e Mary Jane se encontraram no saguão da First Guarantee e foram até o Eddy's para almoçar. Adiantaram suas tarefas no escritório para que pudessem tirar um tempo extra e fazer a refeição sem pressa.

— Você disse algo sobre manter o peso num limite saudável sem ter de comer apenas cenoura. E isso chamou não só minha atenção, mas também a de Lonnie. Parece que a vida de estudante redirecionou para a barriga algumas das calorias que ele costumava queimar quando estava de pé. Lutar contra a gordura pode custar milhões, Janell. Mas eu me satisfaço em manter um peso saudável durante a gravidez e perder oito quilos depois que o bebê nascer. Então, me diga: o que você tem, uma nova dieta secreta? Sem proteína, rica em proteína, sem gordura, rica em gordura, pobre em carboidratos, rica em carboidrato, só legumes, só frutas, 50 litros de água por dia, só rabanetes antes das refeições.

— Não se preocupe, Mary Jane. Meu plano para uma alimentação saudável não é centrado na comida.

— Sabe de uma coisa, Janell? Meu índice de massa corporal me colocou na categoria de obesa pela primeira vez na vida... O que você quer dizer com "não é centrado na comida"?

— Bom, como eu disse, minhas idéias não têm muito a ver com comida.

— A dieta sem comida. Esta é inédita! Opa. Estou ficando cínica de novo.

— Acompanhe meu raciocínio por um momento. O que você sabe sobre os resultados de muitos planos para perda de peso?

— Você emagrece e então recupera tudo e mais alguns quilos. Depois de passar por tudo isso, você se sente um perdedor, que só não perdeu peso, é claro.

— Esta é a realidade para mais de 99% das pessoas que fazem dieta, Mary Jane. Mas vamos olhar para o que acabou de dizer de outro ângulo. Disse que a maioria das dietas funciona, ao menos durante algum tempo. Pense bem. Dietas podem não ser muito saudáveis, mas a maioria funciona. Então, todos sabemos o que fazer para perder peso. Acredito que a resposta está não no que você faz — você, provavelmente, teria que viver em Marte para não saber o que fazer. Você e eu provavelmente, sabemos mais sobre alimentação saudável do que sobre o que estudamos na faculdade.

— Estudei comunicação, então a comparação é injusta, Janell.

— Acho que a solução está em "quem você está sendo" enquanto faz o que faz com a comida. É aí que entra a Filosofia Peixe!: em quem você precisa ser.

— Mas é preciso alguma dieta também? Você sabe, algumas regras.

— Tenho uma lista de princípios. São aquelas coisas que sabemos sobre dietas e vida saudável. Prefiro ficar longe de metas radicais porque a gente acaba deixando de segui-las. Você quer trabalhar nisso comigo e ser minha primeira aprendiz? Pode ser legal, e eu sempre quis desenvolver essas idéias. Esta é uma grande oportunidade!

— Perfeito! Eu falo por mim e por Lonnie.

Mary Jane tirou o diário da bolsa e começou a anotar a sabedoria da perda de peso e da vida saudável enquanto elas discutiam cada ponto.

A sabedoria do controle saudável do peso — o que fazer

1. Faça exercícios cinco ou seis vezes por semana durante 30 minutos ou mais, e exercite-se mais intensamente durante parte desse tempo.
2. Levante pesos uma ou duas vezes por semana.
3. Faça a maioria das compras de supermercado no perímetro onde ficam os alimentos frescos.
4. Conte com deslizes ocasionais; é natural.
5. Sempre tome o café-da-manhã.
6. Coma quatro ou cinco vezes ao dia e equilibre proteína e carboidrato com baixo índice glicêmico (quantidade de açúcar) para não criar picos durante o dia. (Você sabe o que comer.)
7. Não coma nada que seja hidrogenado, evite gorduras ruins (você sabe quais são) e se assegure de ingerir gorduras boas como Ômega-3 e 6, presentes no peixe, na semente de linhaça ou nos suplementos.
8. Pese-se com freqüência e mantenha um registro.
9. Deleite-se de vez em quando com uma porção pequena de sua comida preferida. Afinal de contas, o objetivo é a alimentação saudável, não a tortura.
10. Encontre brechas durante o dia para adicionar algum exercício, como, por exemplo, estacionar bem longe de casa ou do escritório ou usar as escadas.

11. Vigie cuidadosamente o tipo de comida que entra em sua casa e tome decisões difíceis na soleira da porta.
12. Dê dinheiro aos pedintes, mas não compre suas balinhas.
13. Insira atividades não sedentárias — como andar de bicicleta ou caminhar — na rotina familiar.

— Isto foi divertido. É impressionante o quanto sabemos sobre este assunto só de estarmos vivos e alertas. Todas as revistas populares têm uma seção mensal dedicada a dieta e saúde. Todos os programas matinais de notícias têm matérias especiais sobre esses temas uma ou duas vezes ao ano. Nós, realmente, já sabemos muita coisa.

— A lista é só para aqueles que querem uma lista — acrescentou Janell. — O próximo passo é o que torna qualquer dieta eficaz. Já que você me apresentou à parte mais importante do meu plano de controle de peso, um plano que venho usando há cinco anos com grande sucesso, quero que tente adivinhar.

— Será que tem algo a ver com criaturas pequenas que nadam no mar?

— Em cheio! O segredo de se manter qualquer dieta não é tanto o que você faz, mas quem você é enquanto o faz. E nisso você é especialista. Faça uma tentativa e vamos comparar as anotações mais tarde. Agora vou deixar você e o seu diário a sós. Mande um beijo para Lonnie. Tchau.

A sabedoria do controle saudável do peso — um jeito de ser

— Lonnie, falei com Janell a respeito das idéias dela sobre controle de peso. Enquanto conversávamos, várias coisas ficaram claras. Agora é uma boa hora para falar disso?

— Claro! Estou sentindo o cinto engolindo minha barriga. Me ajude, por favor!

— Estamos vivendo na geração mais preocupada com o peso em toda a história. Sabemos mais sobre como perder peso e temos um número maior de alimentos especiais que qualquer outra geração. E somos a geração mais pesada de todas — e estamos engordando mais a cada dia.

"Janell e eu concordamos que o objetivo mais importante de um plano de controle saudável de peso não é perder peso, mas sim aprender a manter o peso que desejamos. Emagrecer ou engordar rápido não faz bem algum e leva ao caminho do fracasso. Então, pensamos que o melhor seria criar uma lista do que é sensato para o controle de peso e, depois, voltar nossa atenção à implementação e manutenção desses pontos. Todos sabemos muito sobre perda de peso e alguns de nós até provaram isso perdendo dezenas ou até centenas de quilos durante o curso de nossa vida. Temos que aprender como "ser" enquanto fazemos dieta. Sabemos o que fazer, mas não como "ser". Nesse ponto entra a Filosofia Peixe! Primeiro, deixe-me mostrar o resultado de minha conversa com Janell."

E Mary Jane examinou a lista com Lonnie.

— Adorei esta parte sobre deleitar-se. Você e Janell têm razão. É impressionante o quanto sabemos sobre controle de peso. Então, onde entra a Filosofia Peixe!?

— Isso é por nossa conta. Temos que descobrir sozinhos.

— Pensei que fosse um caminho fácil.

— E é fácil. Janell disse que sou uma especialista na Filosofia Peixe!, então você, com certeza, também é. Vamos fazer isso juntos e começar com "Brinque".

Brincar torna a vida interessante

— Podemos transformar isso num jogo — disse Lonnie. — Vamos nos divertir acumulando pontos, distribuindo prêmios e brincando. Consigo ver um placar na porta da geladeira e a família toda participando.

— Podemos descobrir novas formas divertidas de nos exercitar — acrescentou Mary Jane. — Eu poderia aprender a andar de patins para andarmos juntos. Sempre quis fazer isso.

— Eu sempre quis aprender a dançar. Poderíamos fazer aquelas aulas de dança no centro comunitário. E depois sair para dançar.

— Lonnie, eu adoro dançar. Nunca imaginei que você gostasse. Está me dizendo que o problema é apenas que você não sabe dançar.

— É isso aí. Acho que este plano já está trazendo resultados. E você se formou em Comunicação.

Conversas francas são ferramentas fundamentais para relacionamentos.

Relacionamentos são a base da vida.

— É verdade, e já me lembraram disso esta semana. Vamos continuar.

— Podemos comprar um daqueles carrinhos de bebê que não chacoalham para fazer caminhadas ou cooper com o menino.

— Que história é essa de "menino"?

Lonnie sorriu e encolheu os ombros. Então sugeriu:

— E podemos lidar com esse processo sem preocupações, sem transformá-lo em algo sério demais. O que quer que estejamos fazendo, podemos tentar torná-lo divertido!

— Parece um bom começo. E quanto a "alegrar o dia deles"?

Alegrar o dia deles é uma fonte de mistério

— Poderíamos buscar formas criativas de nos apoiar mutuamente — começou Lonnie.

— Podemos colecionar citações que nos inspirem e surpreender um ao outro com elas.

— Podemos lembrar um ao outro do que está em jogo e perguntar que tipo de apoio esperamos.

— Podemos criar um plano de poupança familiar e quando chegarmos a um certo valor, podemos entrar para a academia de ginástica comunitária.

Quem você é quando está fazendo o que faz?

Faça-se presente: um fator crucial de sucesso

— Lonnie, pensei muito sobre como o "Faça-se presente" e o "Escolha sua atitude" se relacionam com uma vida saudável. Creio que o sucesso no controle do peso tem muito a ver com viver o agora e fazer boas escolhas de atitude.

— Não sei se estou entendendo bem.

— Vamos analizar o "Faça-se presente". Depois do meu encontro com Janell pensei um pouco e fiz algumas anotações em meu diário. Comecei a pensar sobre as vezes em que comi mal conscientemente. Aqui, dê uma olha na minha lista.

PALAVRAS QUE ME DESCREVEM QUANDO ESTOU COMENDO MAL CONSCIENTEMENTE:

- Emotiva
- Ansiosa
- Apressada
- Nervosa
- Com pena de mim mesma
- Correndo
- Zangada
- Frustrada
- Ferida

- Abstendo-me de tomar uma atitude
- Medicando-me

— Vamos ver a ansiedade, por exemplo. Ela desaparece quando nosso pensamento e nossas ações estão no mesmo lugar. Sentimos ansiedade quando estamos em um lugar mas nossa mente está em outro. Essa ansiedade desaparece quando você está totalmente presente em cada momento. Isso é o "Faça-se presente", Lonnie. É a chave.

— Estou entendendo.

— Nervosa, não presente. Correndo, não presente. Com pena de mim mesma, vivendo no passado ou no futuro. Frustrada, vivendo no passado ou no futuro. Percebe as coincidências? O que chamamos de alimentação emocional é, na verdade, alimentação inconsciente. A alimentação emocional não acontece quando estamos presentes por completo. Em geral, a emoção se origina de fatos que aconteceram ou que tememos que aconteçam. Só a experimentamos quando estamos comendo no presente mas nosso pensamento está no passado ou no futuro. Assim que juntamos o fazer e o estar plenamente presente, a interferência emocional deixa de existir e ficamos totalmente conscientes. Isso faz sentido?

— Bastante. Podemos nos disciplinar para estar no presente e assim evitar boa parte da ansiedade desnecessária da vida, ao menos enquanto comemos. Podemos criar formas de ficar totalmente conscientes enquanto comemos.

— Viver cada momento pode ser nossa resposta às ânsias emocionais.

— Podemos nos fazer presentes um para o outro e estar a postos 24 horas por dia, sete dias por semana, para nos apoiar. Não como críticos, mas como parceiros.

— Qual é a diferença?

— Bem, um crítico ou um juiz diria: "Tem certeza de que quer comer isso?" Um parceiro perguntaria: "Você está no presente?" A energia tem que ser natural, mas podemos nos ajudar a permanecer conscientes.

— E podemos apresentar esses nossos planos aos nossos filhos e incluí-los nas conversas sobre um estilo de vida saudável.

— Podemos nos esforçar para fazer as refeições com a televisão e o telefone desligado. Podemos nos sentar e comer devagar, sem nada além de bate-papo. E devemos nos conscientizar de que ao ler o jornal enquanto comemos estamos trazendo todos os problemas do mundo para a mesa.

Escolha sua atitude: uma fonte de poder

— Lonnie, escolhi alguns versos de um poema de Mary Oliver para representar nossa atitude. Tenho notado que quando desço para me exercitar na esteira, me exercito na esteira. Quando ponho os meus tênis e saio para andar, eu ando. Eis os versos: "Um dia você finalmente soube/o que tinha de fazer, e começou."

— Acertou em cheio, meu bem. Tem tudo a ver com dar o primeiro passo, com começar. Ouvi alguém dizer que um projeto iniciado é um projeto concluído. A parte mais difícil é o primeiro passo. Podemos escolher a ação. Podemos escolher começar. Tenho outra sugestão, Mary Jane. Por que não começamos a estudar como viver com saúde? Podemos optar por uma atitude de aprendizagem.

— Aceito seu adendo. Vamos sair para caminhar. Ainda consigo fazer isso.

— Vai ser divertido, meu bem.

— Este é o objetivo, querido.

— Vamos?

— Só vou calçar meus tênis.

Uma dieta Peixe! é qualquer dieta *saudável* amparada pela energia natural da Filosofia Peixe!

Durante as semanas seguintes, Lonnie e Mary Jane criaram uma rotina que iria promover saúde e uma vida honrada. Trabalharam duro para manter uma rotina descomplicada e usaram o que tinham aprendido das suas experiências Peixe! Concordaram que uma lista básica com o que fazer era importante, mas ainda mais importante era pensar bem a respeito de "quem eles estavam sendo" enquanto agiam.

Eles mantiveram as duas listas no escritório do sótão e compartilharam livros, idéias e visões. Lonnie começou a se exercitar na hora do almoço no ginásio da universidade e com freqüência abordava as pessoas e lhes perguntava o que elas faziam, por que o faziam e quem estavam sendo enquanto desempenhavam suas atividades. Essas conversas se tornaram fonte de inspiração e o corpo de informações cresceu.

Na maternidade

Lonnie e Mary Jane estavam sentados no quarto do hospital de mãos dadas esperando a dilatação de cinco centímetros.

— Como está se sentindo?

— Estou pronta para ter um bebê. Eu devia estar enchendo balões de gás ou fazendo algo produtivo com toda essa respiração pesada.

— É bom ver que ainda consegue manter o bom humor.

— Você me ama?

— Muito.

Uma enfermeira entrou, deu uma olhada embaixo da coberta por um momento e disse:

— Vamos, pessoal. Hora do show.

Prepararam Lonnie, que seguiu resignado a comitiva até a sala de parto. Quatro horas mais tarde estavam de volta ao quarto de Mary Jane olhando atentamente para a adormecida Beth Ann. Estavam sentados de mãos dadas e pensando em como um momento pode ser maravilhoso. Prometeram estar presentes em muitos outros momentos da vida.

Peixe! Para a vida inteira

Todos queremos um relacionamento que nos eleve de uma forma que não é possível quando se está sozinho. Queremos criar em nossa vida um dois que seja maior que um mais um. Existe um tipo especial de felicidade que só pode ser vivenciado a dois. Com freqüência, pensamos em nossos parceiros das seguintes formas:

- Alguém com quem compartilhamos os pequenos tesouros da vida: um pôr-do-sol, o frágil primeiro passo de uma criança ou um poema.
- Um ombro para se chorar quando a vida nos domina, e uma voz para nos lembrar das saídas possíveis em tempos de dúvida.
- Um melhor amigo.

- Alguém que nos conhece, com todos os defeitos, e ainda assim nos ama.
- Um amante com quem o sexo é parte importante — mas apenas uma parte — da intimidade.
- Um abraço sempre à espera.

Ter alguém com quem compartilhar a vida pode ser uma das poucas ambições universais. Mas conhecer o príncipe ou a princesa encantados é apenas parte da equação. Casamentos arranjados com final feliz mostram essa contradição todos os dias.

Existe, de fato, certa sabedoria antiga que pode fortalecer qualquer relacionamento e levar uma parceria sólida a alturas nunca imaginadas. Ao longo dos séculos essa sabedoria recebeu vários nomes. Nós a chamamos de Filosofia Peixe! e reconhecemos que ela começa — e não, termina — com comprometimento — um comprometimento com "Peixe! para a vida inteira".

O comprometimento é uma prioridade em um relacionamento importante.

Guia de discussão "Peixe! Para a vida inteira"

Soube que os livros *Peixe!* são muito usados por grupos de estudo — com este livro, então, já estou me antecipando e considero tal uso bem-vindo. O material a seguir é um formato que encontrei de facilitar o uso do livro com o parceiro, em família ou em grupos de discussão, bem como de prover informações para quem deseje levar as idéias um passo adiante.

Espero que este guia o ajude a descobrir formas criativas de colocar em prática a Filosofia Peixe! em sua vida. Seja porque pretende criar um pouco mais de diversão, encontrar maneiras de ajudar seus próximos ou deixar lembranças para os netos, este guia de discussão foi feito para você. Talvez o benefício que tire dele seja a consciência de que a vida é uma série de momentos nos quais você está presente ou não. Ou, talvez, que a vida pode ser medida pela intensidade com que você esteve presente nos diversos momentos.

Se quiser transformar a base sobre a qual sua família ou seu relacionamento foi construído, isso também é possível.

Caso esteja usando este guia com sua família, poderá perceber que o maior legado que pode deixar para seus filhos é a consciência do poder de escolha. Se o está usando com um cônjuge, um parceiro ou amigo, a experiência será, de fato, um passo na construção do relacionamento.

Não existe melhor ocasião para sentir o poder infinito da integridade que o momento em que fazemos uma escolha consciente de atitude. Quando aprendemos que nós mesmos escolhemos nossa postura em cada momento, uma porta muito difícil de fechar se abrirá para você.

É claro que a melhor forma de se ensinar esses ingredientes é nossa experiência tomar como de exemplo e discutir nossas escolhas em conversas de verdade.

O cenário da Filosofia Peixe!

A Filosofia Peixe! pode ser encontrada em locais de trabalho, lares e em relacionamentos saudáveis e produtivos em todas as partes do mundo. Por exemplo, a Filosofia Peixe! prospera na empresa aérea Southwest Airlines há mais de 25 anos extremamente bem-sucedidos. Eles não a chamam assim lá. Trata-se apenas da impressionante cultura da empresa.

Os ingredientes da Filosofia Peixe! foram publicados pela primeira vez no livro *Peixe!* São eles: Brinque, Alegre o dia deles, Faça-se presente e Escolha sua atitude. Os cineastas da ChartHouse Learning criaram esses nomes enquanto fazíamos a montagem do material filmado no mercado Pike Place.

Hoje em dia, esses quatro ingredientes servem como padrão de medida da atmosfera em qualquer ambiente de trabalho: uma escola, um centro de telefonia, um hospital, um banco, uma fábrica, um mercado de peixes ou uma companhia de seguros. A mistura certa garante um lugar ótimo para se trabalhar, mesmo quando a atividade propriamente dita não é tão agradável.

Perguntas específicas para discussão dos ingredientes da Filosofia Peixe!

Utilize as perguntas a seguir para iniciar sua conversa sobre a Filosofia Peixe! Encontre uma pergunta que tenha alguma energia e deixe que ela o leve, tendo em mente que a Filosofia Peixe! é algo que deve ser descoberto, a fim de que alcance a motivação necessária para fazer diferença. As melhores atitudes para se levar para essa conversa são esperança, curiosidade, espanto e mente e coração abertos.

BRINQUE: LEVE A ALEGRIA PARA ONDE QUER QUE VÁ

- Como posso ser um instrumento de alegria?
- Será que tenho um sorriso em minha voz?
- Será que nos divertimos em família? Quando?
- Será que valorizamos a brincadeira?
- Será que nos divertimos como amigos?
- Como reagimos a alguém que está sempre sério?
- Será que somos capazes de evitar levar a sério coisas que não merecem esse tipo de energia?
- Será que sabemos como levar algo a sério enquanto, ao mesmo tempo, não nos levamos a sério demais?
- Será que estamos usando a leviandade como forma de evitar conversas francas? (Podemos nos exceder na brincadeira e usá-la para nos esquivar de conversas difíceis e importantes.)
- Será que enxergamos a alegria natural na vida?

ALEGRAR O DIA DELES: O ENVOLVIMENTO POSITIVO É UM PRESENTE FANTÁSTICO

- Vou alegrar o dia de quem hoje?
- Quando foi a última vez que alguém alegrou meu dia?
- De que forma a maneira como eu levo a vida pode ser uma fonte de inspiração para os outros?
- Se minha vida pudesse ensinar algo, qual seria a primeira lição?
- Que momentos inesquecíveis criei para meus filhos hoje?
- Como vou tornar o dia de alguém melhor hoje?
- Quem deixo passar despercebido em meu mundo?
- Será que há uma maneira de dedicar atenção especial àqueles que, invisíveis, cuidam da manutenção de minha vida? (As pessoas que dão duro para manter nossa qualidade de vida conservando o chão limpo, as ruas seguras e os alimentos nas prateleiras gostam de ouvir uma palavra gentil de vez em quando.)
- O que estou fazendo para transformar o mundo num lugar melhor?
- O que meus filhos e netos lembram sobre o tempo que passam comigo? (Você

nunca está certo de quando está criando momentos inesquecíveis. Você pode saber quando está sendo Peixe!)

FAÇA-SE PRESENTE: COISAS SURPREENDENTES ACONTECEM QUANDO VOCÊ APRENDE A ESTAR ONDE ESTÁ

- Onde realmente estou agora? Onde está minha atenção? Que pensamentos passam por minha mente?
- Será que minha mente e meu corpo estão no mesmo lugar?
- Onde quero manter focada minha atenção?
- Qual é o impacto da minha decisão de me fazer presente?
- Será que estou em um lugar de cada vez, fazendo uma coisa de cada vez, ou será que tento fazer várias coisas ao mesmo tempo?
- É verdade que mesmo quando faço várias tarefas ao mesmo tempo ainda assim só posso fazer uma coisa por vez?
- Será que as pessoas percebem quando minha atenção está em outro lugar?
- O que penso da descoberta de Brad sobre sentar com vovó em vez de falar com ela

de pé? Será que já passei pelo mesmo tipo de experiência?

- Que deixas podemos dar um ao outro para promover o agora?

ESCOLHA SUA ATITUDE: A ATITUDE QUE VOCÊ TEM NESTE MOMENTO É UMA ESCOLHA SUA. ESCOLHA COM SABEDORIA, POIS SUA VIDA DEPENDE DISSO

- Quais são as minhas atitudes preferidas?

1.
2.
3.

- Quais são as atitudes mais comuns em minha vida?

1.
2.
3.

- Será que gosto dessas atitudes?
- Como passo de uma atitude para outra?
- Será que tenho um sistema para me lembrar de verificar as minhas atitudes com freqüência?
- Será que existem maneiras rápidas de se assumir uma atitude?
- Será que tenho uma atitude-padrão?

- Será que consigo distinguir sentimentos de atitudes?
- Quais são algumas formas de se abandonar uma atitude?
- Que atitudes considero intoleráveis nos outros?

Perguntas gerais para discussão

Eis algumas perguntas gerais que podem ser utilizadas para iniciar conversas importantes com pessoas que você ama. O objetivo delas é oferecer um leque de possibilidades, não foram idealizadas para serem discutidas numa ordem específica. Você pode usá-las como modelo para suas próprias perguntas. Lembre-se de que essas conversas precisam ser francas e corajosas. Não é só bate-papo ou conversa-fiada. São discursões que constroem um relacionamento com bravura, compaixão e honestidade. Comprometa-se a ter uma conversa franca por semana com as pessoas que são mais importantes para você.

O que significa para nós ter uma conversa franca e corajosa?
Será que temos evitado certos assuntos?
Qual é nossa perspectiva com relação a essa família, esse relacionamento ou essa amizade?

Será que compreendemos o nosso ISSO?

Será que o nosso ISSO nos está servindo bem?

O que estamos criando com nossa vida juntos?

Como podemos ajudar um ao outro a permanecer focados no presente?

Que atitudes gostaríamos de ter presentes em nossa vida juntos e quais são algumas formas de fazermos isso acontecer?

Quais são os sete valores essenciais que estão no centro da vida que estamos construindo juntos?

- Faça uma lista:

1.
2.
3.
4.
5.
6.
7.

- Veja o quão presentes eles estão em suas vidas e em que proporção.
- Será que a presença e a proporção deles está à altura do senso de equilíbrio que vocês acham apropriado? Gostariam de perceber mais ou menos ênfase em qualquer um desses valores?
- Discutam objetivos para o próximo ano, o próximo dia ou os próximos seis meses.
- Revisem o que foi escrito.

Compromissos

Esta página está em branco. Cabe a você preenchê-la. Faça-o devagar, mas comprometa-se em seguir adiante. Com o quê e com quem você quer se comprometer? Ponha no papel. Volte a esta página com freqüência. Sua vida está em jogo.

A sabedoria da Filosofia Peixe! também pode ser encontrada em cada um de nós.

Você tem tudo o de que precisa para começar.

Siga em frente com Peixe! para a vida inteira.

Gostaríamos de sua participação no guia sobre a Filosofia Peixe! *The FISH! For Life Companion*

Envie-nos suas histórias e faça parte de nosso próximo livro. Leia a seguir quatro exemplos de histórias que nos foram enviadas nos últimos três anos por homens e mulheres que levaram a Filosofia Peixe! para suas casas. Envie-nos sua história Peixe!

BRINQUE

De um e-mail anônimo:

Certa noite, após o jantar, meus pais se sentaram de cabeça para baixo em suas cadeiras, com as pernas no assento da cadeira e as cabeças balançando embaixo da mesa. É claro que eu e minha irmã nos juntamos a eles, e rimos tanto que a barriga doía. É uma das minhas lembranças de infância favoritas.

ALEGRE O DIA DELES

O que eu adoro nesta idéia enviada por e-mail é que ela pega uma situação que normalmente seria negativa e usa o "Alegrar o dia deles" para criar uma vivência positiva. Se a história é sua, entre em contato para que possamos dar seu crédito. Você é um ótimo contador de histórias.

O bom comportamento é fruto de uma boa preparação. Aprendi essa lição com a primeira visita da minha filha ao dentista. Nós nos preparamos para a segunda.

Enquanto passávamos um final de semana com meus pais, percebi o quanto a poltrona e a luminária de leitura se pareciam com uma cadeira de dentista. Com minha filha como assistente, montamos uma bandeja completa com a escova, a pasta de dente e o fio dental da vovó e um copo descartável. Pedimos que vovó se deitasse na poltrona, posicionamos a luz e pusemos um guardanapo embaixo do seu queixo. Meu pai ficou atrás de nós, fazendo, com muito drama, o barulho da broca do dentista. (Tenho que confessar que ele adorou fazer esse papel.) Ficamos muito orgulhosos do nosso trabalho: vovó saiu da cadeira com dentes relativamente limpos e muito pouco sangue. Brincar de dentista tornou-se uma mania para minha filha e seus primos quando estão na casa dos avós. Nenhum de nós teve uma cárie desde então.

FAÇA-SE PRESENTE

De um telefonema:

Vivia dizendo a meus garotos que acamparia com eles no quintal. Eles estavam empolgados com a idéia de dormir numa barraca. Passou-se um tempo considerável e sempre havia um motivo para se adiar o acampamento até a semana seguinte. Os garotos pararam de insisitr e confesso que fiquei aliviado. Então, li a respeito de fazer-se presente e como você se dedicou a sua filha que foi morta por um motorista embriagado. Na manhã seguinte, olhei no espelho e me com-

prometi a me fazer presente para os meus filhos e participar da vida deles. Nos divertimos muito dormindo no quintal na noite passada.

ESCOLHA SUA ATITUDE

De um e-mail:

Se sua manhã promete ser apertada, ou se tem em casa uma criança de um ano que detesta que você a vista pela manhã, qual é o crime em deixá-la dormir com as roupas que vai usar no dia seguinte? E daí se o resto do mundo dorme de pijama. Se isso ajudar sua família a escolher uma atitude alegre no dia seguinte, então faça. Atenção: Não conte à sua mãe a respeito, já que as vovós não entendem esse tipo de coisa.

SLRunner@aol.com é o endereço que você deve usar para enviar suas idéias para o guia *FISH! for Life Companion.* Espero que tenhamos um livro repleto de histórias de pessoas normais usando a Filosofia Peixe! para melhorar sua vida, fortalecer seus relacionamentos e criar seus filhos. Nem todas as contribuições poderão ser publicadas, mas ao enviar-nos sua história você está nos dando permissão para publicá-la e fazer qualquer tipo de adaptação necessária.

Obrigado por fazer *Peixe! Para a vida inteira.*

Stephen C. Lundin
Ph.D. em Atuns Gigantes

Agradecimentos

Gostaríamos, primeiro, de agradecer às nossas famílias. Harry gostaria de agradecer a Mary, sua esposa, e Rachel e David, seus filhos, pela alegria e pelo sólido apoio que eles lhe deram quando pôs o projeto Peixe! na estrada.

John gostaria de agradecer à esposa, Gaye, e às suas filhas, Tori e Kelsey. Elas foram presenças constantes em sua vida enquanto ele lidava com os desafios de liderar sua empresa, a ChartHouse.

E eu gostaria de agradecer à minha esposa, Janell, por seu apoio, amor e sabedoria. Ela é a primeira pessoa a ler o que escrevo e seus comentários estão sempre certos. Minhas filhas Beth, Melissa e Melanie não vivem mais sob o mesmo teto que nós, mas sinto a presença delas todos os dias — e o entusiasmo, o amor e o apoio delas têm sido incríveis. E, falando de incrível, Paul, meu genro high-tech, me mantém alerta, lembrando-me o quanto significa viver uma vida plena, criativa, dedicada e produtiva.

Tudo o que posso dizer sobre nossa editora nos Estados Unidos, a Hyperion, é "Uau!". Esta é a quarta vez que agradeço a ajuda deles e cada vez sinto gratidão e respeito maiores pelo trabalho fantástico que fazem. As pessoas incríveis com as quais trabalhamos lá são Bob Miller, Ellen Archer, Jane Comins, Mark Chait, Kiera Hepford, Corinna Harmon, Jill Sansone, Sharon Kitter, Mike Rentas e Adrian James. Eles são magníficos, mas a figura que eu quero destacar com um agradecimento especial é o extraordinário Will Schwalbe. Will, apreciamos a forma paciente com que nos guiou, suas idéias sábias, seu entusiasmo e sua atenção. Você estabelece o padrão, Will, e aprendi muito sob sua tutela. Considero meu tempo com você precioso.

Uma das nossas boas decisões foi escolher Margret McBride como agente. Ela foi e ainda é notável. Temos consciência de que no ano passado ela passou pelas mesmas pressões sobre as quais escrevemos neste livro, com os pais idosos consumindo grande parte de seu tempo e energia. Nosso respeito por ela apenas aumentou enquanto ela lidava tranqüilamente com alguns dos maiores desafios de sua vida. Queremos expressar nosso apreço, Margret, pelas suas contribuições fabulosas, e também lhe mandar nosso carinho e apoio nesse momento difícil. O pessoal da agência literária McBride inclui Donna DeGutis, Renee Vincent, Faye Atchison e Anne Bomke.

Este livro foi composto na tipologia
Minion, em corpo 12,7/16, impresso em
papel off-white 80g/m^2, no Sistema Cameron
da Divisão Gráfica da Distribuidora Record.